55 Gute-Laune-Spiele für draußen & unterwegs

BILDNACHWEIS

Freepik.de
S. 3/12/13: rawpixel.com
S. 16: pikisuperstar
S. 30: vectorpouch
S. 66: Brgfx

GettyImages.de
S. 32: cofeee

Fotolia.de
S. 8/9/40/41/58/59/68/69: Tapilipa

Umschlag: GettyImages.de/myillo

IMPRESSUM

ISBN: 978-3-96046-073-2

55 Gute-Laune-Spiele für draußen & unterwegs

Klett Kita GmbH
Rotebühlstr. 77
70178 Stuttgart
Internet: www.klett-kita.de

Geschäftsführung	Malte Kullak-Ublick
Redaktion	Myriam Bork
Redaktionelle Mitarbeit	Nicole Woratz
Autoren	Britta Bartoldus, Monika Binz-Merklinger, Marion Bischoff, Michaela Lambrecht, Michael Müller, Leah Schäfer, Karin Schäufler, Tina Scherer, Theresa Schuster
Gestaltung und Satz	DOPPELPUNKT, Stuttgart
Druck	Grafik Media Produktion, Köln

Kontakt
Telefon: 07 11 / 66 72 58 00
Telefax: 07 11 / 66 72 58 22
kundenservice@klett-kita.de

Gedruckt auf chlorfrei gebleichtem Papier.

Für jedes Material wurden Rechte nachgefragt. Sollten dennoch an einzelnen Materialien weitere Rechte bestehen, bitten wir um Benachrichtigung.

Bibliografische Information der Deutschen Nationalbibliothek. Die Deutsche Nationalbibliothek verzeichnet diese Publikation in der Deutschen Nationalbibliografie. Detaillierte bibliografische Daten sind im Internet über http://dnb.d-nb.de abrufbar.

Das Werk einschließlich aller seiner Teile ist urheberrechtlich geschützt. Jede Verwertung außerhalb der engen Grenzen des Urheberrechtsgesetzes ist ohne Zustimmung des Verlages unzulässig und strafbar. Dies gilt insbesondere für Vervielfältigungen, Übersetzungen, Mikroverfilmungen und die Einspeicherung und Verarbeitung in elektronischen Systemen.

Haftungsausschluss: In den Beiträgen verweisen wir auf Links zu externen Internet-Seiten. Trotz sorgfältiger inhaltlicher Kontrolle schließen wir die Haftung für die Inhalte dieser Seiten aus. Für den Inhalt der externen Internet-Seiten sind ausschließlich deren Betreiber verantwortlich.

2. Auflage
© 2019 Klett Kita GmbH, Stuttgart. Alle Rechte vorbehalten.

Inhalt
55 Gute-Laune-Spiele

	Seite
VORWORT	5

KAPITEL 1: KITA-GARTEN & WIESE 7

1	Hüpfparcours im Garten: Hüpf doch mit	8
2	Spiellied mit Bällen: Unser Ball rollt	9
3	Bewegungsspiel: Ich bin der Krabbelkäfer	10
4	Bewegungsspiel: Die Indianer sind los!	11
5	Tierisches Draußen-Yoga: Huhn, Katze und Schmetterling	12
6	Musikspiel: Das große Eimertrommeln	14
7	Fangspiele: Von Teekesseln und Tankstellen	15
8	Kreatividee für heiße Sommertage: Eismalerei	16
9	Beobachtungsspiel: Der Wiesenfischer	17
10	Osterhasen-Mitmachgeschichte: Hasenhüpfen	18
11	Bewegungsspiele: Maulwurfspiele	20
12	Eier-Stopp-Spiel: Auweia, die Eier!	21
13	Wasserspiele für das Sommerfest: Die große Wasserfete	22
14	Spiele ohne Verlierer: Von Robotern und Popcorn	24
15	Bewegungsspiel: Komm in den Obstgarten	25
16	Mitmachgedicht: Ein Tag auf dem Bauernhof	26
17	Yoga-Reime auf der Frühlingswiese: Blüten und Schmetterlinge	28
18	Aufwärmspiele: Rangierbahnhof und Atomspiel	29
19	Aufpassspiel: Wen erwischt der Drache?	30

KAPITEL 2: IM WALD 31

20	Orientierungsspiele im Wald: Lauschen, tasten und vertrauen	32
21	Lauschexperiment: Wenn der Baum im Frühling rauscht	33
22	Tierischer Weitsprung im Wald: Wie weit springe ich?	34
23	Such- und Sammelspiel: Geschenke für die Waldfeen	35
24	Kreatividee mit Wald und Wasser: Rindenschiffchen-Regatta	36
25	Mitmachgedicht: Liebe kleine Fledermaus	37

		Seite
26	Bewegungsspiele: Fitte Waldsportler	38
27	Barfußpfad im Wald: Fußsohlenprickler	40
28	Spielideen im Herbstwald: Spürfüchse und blinde Passagiere	42
29	Kreativideen im Herbstwald: Farbspiralen und Blätterkörper	44
30	Bewegungsspiele: Hier geht's um die Nuss	46
31	Bewegungsspiele: Kastaniensport	48
32	Spurenlesespiel: Auf der richtigen Fährte	49
33	Spiele im Winterwald: Fichtenzapfenjagd und Eichhörnchenspiel	50
34	Lied: Wir machen heut Naturmusik	52

KAPITEL 3: IN DER STADT ... 53

35	Stadtrallye: Stadtdetektive unterwegs	54
36	Kreidespiele zum Hüpfen: Himmel, Hölle und noch mehr	56
37	Gummitwist: Eine kleine Mickymaus	58
38	Rätselreime to go: Wer bin ich?	60
39	Stadtspiel: Schildersucher	62
40	Hörspiel: Die Straßenlauscher	64
41	Vers: Auto und Straße	65
42	Bewegungs- und Entdeckerspiel: Spielplatz-Action	66

KAPITEL 4: UNTERWEGS & ZWISCHENDURCH ... 67

43	Fangspiel: Das Monster Blobb	68
44	Fangspiel: Hase sitz, Hase lauf	69
45	Konzentrationsspiel: Ich sehe, höre, rieche was	70
46	Fortsetzungsgeschichte: Die Prinzessin an der Bushaltestelle	71
47	Rhythmische Geh-Verse: Ein Hut, ein Stock, ein Regenschirm	72
48	Zauberspiel: Fidibus, der Zauberer	73
49	Lied: Ferdinand, der Floh	74
50	Lied: Wir nehmen jetzt den Zauberstein	75
51	Fingerspiel: Rechte Hand, linke Hand	76
52	Fingerspiel: Wir sind tolle Kinder	77
53	Entdeckerspiel: Wer wohnt da wohl?	78
54	Klatschspiel: Bus, Zug und Fahrrad	79
55	Fingerspiel: Kleine Katze	80

Liebe Leserinnen und Leser,

Sie kennen das sicher: Wenn Sie mit Ihrer Gruppe von draußen reinkommen, haben die Kinder kiloweise Sand in den Schuhen, Straßenmalkreideflecken auf der Hose und den ein oder anderen Stein in der Jackentasche. Aber vor allem sind die Wangen rosig und die Kinder glücklich.

Draußen, außerhalb begrenzter Räume, zu spielen, sich frei zu bewegen, zu klettern, balancieren und zu rennen ist für die Entwicklung von Kindern besonders wichtig. Die Umgebung wird einfach in das Spiel einbezogen und nicht selten kreativ umfunktioniert: Aus einem einfachen Busch wird da kurzerhand ein Räuberlager, aus Ästen Schwerter und das Sandkastenspielzeug ist ein Schatz, der erobert werden will.

Bei fast jeder Witterung kann man draußen toben, spielen und Abenteuer erleben. Dabei ist es gar nicht so wichtig, ob Sie den Wald direkt vor der Tür haben. Auch in der Stadt oder auf dem Spielplatz gibt es jede Menge zu erleben. Die Kinder lernen dadurch ihre Umgebung besser kennen und werden immer selbstständiger.

In diesem Buch finden Sie daher für alle möglichen Draußen-Situationen neue Anregungen: Bewegungsspiele und Kreativideen für den Kita-Garten und den Wald, Stadtentdeckerspiele und viele kurze Ideen für unterwegs wie Lieder, Reime und Fortsetzungsgeschichten, die man bei einem Spaziergang wunderbar gemeinsam weiterspinnen kann.

Ich wünsche Ihnen und Ihren Kindern viele schöne Draußen-Momente!

Herzlichst, Ihre

Myriam Bork
Redaktion *55 Gute-Laune-Spiele*

Kapitel 1
Kita-Garten & Wiese

Hüpf doch mit
Hüpfparcours im Garten

Alter: ab 3 Jahren
Dauer: 10 Minuten

AUF DIE PLÄTZE, FERTIG, HÜPF!

Bevor Sie mit den Kindern den Parcours aufbauen, sammeln Sie gemeinsam kleine Steine, Ästchen, Blätter …
Dann wird erst mal warmgehüpft: Stellen Sie sich mit den Kindern im Kreis auf und hüpfen Sie. Einmal während sich alle an den Händen halten, dann jedes Kind für sich auf zwei Füßen, danach auf einem Fuß. Wer das noch nicht ganz schafft, versucht einfach das Gleichgewicht auf einem Fuß zu halten, ohne zu hüpfen.

ÜBER STOCK UND ÜBER STEIN

Nachdem alle Hindernisse aufgebaut sind, beginnen Sie damit, den Parcours zu hüpfen. Wechseln Sie ab und hüpfen Sie einmal auf einem Fuß, das nächste Mal auf zweien, usw. Damit erkennen die Kinder gleich, dass es unterschiedliche Möglichkeiten des Hüpfens gibt. Danach sind die Kinder dran!

Tipp: Soll der Parcours längere Zeit erhalten bleiben, markieren Sie den Weg mit Baustellenband.

DEN HÜPFPARCOURS BAUEN

Auf einer vorher festgelegten Strecke (etwa 15–20 m) legen die Kinder nun kleine Hindernisse hin. Das kann eine Plastikschaufel sein, Blätter von einem Baum, Steinchen … Bei Vorschulkindern können durchaus umgestülpte Eimer zum Einsatz kommen. Bei ganz kleinen Kindern reichen kleinste Hindernisse um „aus dem Tritt" zu gelangen. Daher sind für die Kleinen schon Steinchen und Ästchen als Hindernisse ausreichend.

Wichtig ist, dass alle Kinder die Strecke gemeinsam auswählen und jedes Kind auch einbezogen wird, wenn es darum geht, den Parcours zu gestalten.

Idee: Marion Bischoff

Unser Ball rollt

Spiellied mit Bällen

Alter: ab ca. 3 Jahren
Dauer: 15 Minuten
Material: verschiedene Bälle (Tennisbälle, Softbälle, Kunststoffbälle, Wasserbälle …) – 1 für jedes Kind

1 Roll, roll, roll, all unsre Bälle rollen.
Roll, roll, roll, sie rollen hin und her …
Große, kleine, bunte Bälle rollen,
durch die Beine, ist doch gar nicht schwer.

2 … Große, kleine, bunte Bälle rollen,
zu dir hinüber, ist doch gar nicht schwer.

3 … Große, kleine, bunte Bälle rollen,
um den Körper, ist doch gar nicht schwer.

(Melodie: Grün, grün, grün sind alle meine Kleider)

UND SO GEHT'S:

Passend zur jeweiligen Strophe, rollen die Kinder die Bälle …
1. zwischen ihren Beinen hindurch, indem sich alle hintereinander aufstellen und ihn durch den Beintunnel weiter befördern.
2. zu einem Partnerkind, das gegenüber sitzt und die Beine gespreizt hat.
3. um den eigenen Körper, indem das Kind jeweils mit einer Hand den Ball um den Rumpf rollt und auf der anderen Seite mit der zweiten Hand aufnimmt.

Tipp: Überlegen Sie sich mit den Kindern weitere Strophen und die passenden Bewegungen zu dem Lied.

Idee: Marion Bischoff

Ich bin der Krabbelkäfer

Bewegungsspiel

Alter: ab 3 Jahren
Dauer: 15 Minuten

DER KRABBELKÄFER HAT HUNGER

Alle Kinder sitzen im Kreis zusammen und zwar so eng, dass keine Lücken zwischen ihnen sind. Sie stellen eine Blume dar.

Ein Kind ist der Krabbelkäfer und möchte von der Blume naschen. Es muss versuchen, in den Kreis zu gelangen, indem es den anderen Kindern mit Streicheleinheiten begegnet. So krabbelt der Käfer also um die Blüte und singt oder spricht:

> Krabbelkäfer bin ich,
> an die Blüte will ich.
> Möchte Nektar haben
> und mich daran laben.
> Drum streichle ich das Blümelein,
> es soll ja meine Freundin sein.

Wenn sich ein Blütenblatt öffnet, ein Kind dem Käfer also Platz macht, um in den Kreis zu krabbeln, antwortet dieses Kind:

> Komm Krabbelkäferchen zu mir.
> Ich schenke dir den Nektar hier.
> Hast du dann keinen Hunger mehr,
> winken wir dir hinterher.

Das Kind, das den Käfer darstellte, winkt in die Runde den anderen Kindern und alle winken zurück. In der nächsten Runde ist das Kind der Käfer, das dem vorherigen Einlass gewährt hat.

Idee: Marion Bischoff

Die Indianer sind los!
Bewegungsspiel

Alter: ab 3 Jahren
Dauer: 25 Minuten
Material: Federschmuck

KLEINER INDIANER SEI GANZ STILL ...

Alle Mitspieler stellen sich im Kreis auf, beugen den Oberkörper leicht nach vorn und halten die Hand an die Stirn, als würden sie nach etwas Ausschau halten. Der Anführer (in der ersten Runde Sie selbst) eröffnet das Spiel mit dem Schlachtruf, oder besser gesagt, der Schlachtflüsterei:

> Kleiner Indianer, kleiner Indianer,
> sei ganz still und schleich dich an,
> damit dich keiner hören kann.

Nun signalisieren Sie, dass alle durchs Gelände schleichen sollen, indem Sie einen Finger auf die Lippen legen. Gehen Sie voran, die Kinder sollen Ihnen folgen. Gehen Sie langsam und möglichst still auf Zehenspitzen.

KLEINER INDIANER, JETZT GEHT'S LOS!

Versammeln Sie sich dann erneut im Kreis.

> Kleiner Indianer, kleiner Indianer. Jetzt geht's los.
> Lauf so schnell du kannst und brülle los.

Laufen Sie durchs Gelände und imitieren Sie dabei den Indianerschrei. Alle dürfen laut sein und umherrennen.

Nachdem die Kinder wissen, wie das Spiel geht, geben Sie die Anführerrolle an eines der Kinder ab. Nun entscheidet dieses Kind, ob es mit den anderen über den Hof schleichen oder laufen möchte. Dazu gibt es den entsprechenden Schlachtruf zum Besten, den die Kinder gemeinsam wiederholen.

Idee: Marion Bischoff

Huhn, Katze und Schmetterling

Tierisches Draußen-Yoga

Alter: ab 3 Jahren
Dauer: 20 Minuten
Material: Matten

Übung 1 | DIE KATZE MACHT EINEN BUCKEL

Alle sind im Vierfüßlerstand auf der Matte. Wir spielen, dass die Katze einen Katzenbuckel macht. Wissen die Kinder, wie das aussieht? Zuerst den Rücken nach oben rund machen und den Kopf nach unten nehmen. Danach den Rücken in die entgegengesetzte Richtung nach unten biegen (ganz leicht ins Hohlkreuz gehen).

Für Fortgeschrittene: Beim Buckelmachen ein- und beim Hohlkreuzmachen ausatmen und die Übung vorsichtig und sanft im Atemrhythmus ausführen.
(5-mal wiederholen)

Übung 2 | DIE SCHILDKRÖTE TRÄGT IHREN PANZER

Material: 1 Softspielwürfel oder 1 Kissen für jedes Kind, Seil oder Wäscheleine

Die Kinder kriechen auf allen vieren und tragen wie die Schildkröten auf dem Rücken ihr Haus. Das Haus ist ein Softspielwürfel. Die Schildkröte kann nur ganz langsam kriechen. Wer schafft es, sogar über ein kleines Hindernis oder unter einem Seil hindurchzukriechen?

Übung 3 | DER KÄFER BRAUCHT HILFE

Die Kinder kriechen auf allen vieren und lassen sich dann sanft auf den Rücken rollen. Arme und Beine anheben und mit allen vieren in der Luft strampeln.
(5-mal wiederholen)

Übung 4 | DER HAHN STEHT AUF DEN KRALLENSPITZEN

Alle Kinder stehen, die Arme werden zur Seite gestreckt. Jetzt dürfen die Kinder versuchen, sich auf Zehenspitzen zu stellen und so lange auf den Zehenspitzen zu bleiben, bis Sie bis 5 gezählt haben.

Für Fortgeschrittene: Kinder, die gut das Gleichgewicht halten können, stellen sich so breitbeinig auf, dass Arme und Beine ein X bilden. Sie gehen in dieser Haltung auf die Zehenspitzen. Auch für Erwachsene gar nicht einfach. Achten Sie darauf, dass die Kinder und Sie selbst ruhig weiteratmen und nicht die Luft anhalten. (5-mal wiederholen)

Übung 5 | DER STORCH WANDERT IM SUMPF

Abwechselnd wird zuerst das linke Bein hochgezogen und dann ausgestreckt und anschließend das rechte Bein. (5-mal wiederholen)

Übung 6 | DER SCHMETTERLING FLATTERT MIT DEN FLÜGELN

Alle sitzen mit gestreckten Beinen am Boden. Jetzt werden die Beine zum Körper gezogen, sodass die Knie nach außen zeigen und sich die Fußsohlen berühren. Die Finger halten die Zehen. Die Knie ganz sanft und ruhig nach oben und unten bewegen, damit der Schmetterling fliegen kann. (5-mal wiederholen)

Idee: Michaela Lambrecht

Das große Eimertrommeln
Musikspiel

Alter: ab 4 Jahren
Dauer: 15 Minuten
Material: Eimer, Stöcke

10 Kinder sitzen im Kreis. Jedes Kind hat einen umgedrehten Eimer vor sich und einen fingerdicken Ast als Schlägel. Und dann beginnt ein Kind mit folgenden Worten.

1. Einer trommelt ganz allein.
   Er will nicht mehr alleine sein.

Das Kind, das daneben sitzt, sagt:

2. Da kommt hinzu sein guter Freund.
   Nun trommeln sie zu zweit.

Das nächste Kind:

3. Zu zwei Trommlern ein dritter noch gehört, damit die Trommelei man hört.

Jedes Kind in der Reihe übernimmt nacheinander einen Vers:

4. Es trommeln drei und jetzt auch vier. Wir sind die Eimertrommler hier.
5. Mit fünfen macht es Riesenspaß. Spitzt die Ohren, hört ihr was?
6. Zu sechst zu trommeln, macht uns Freude. Hört nur alle her ihr Leute!
7. Sieben Trommler sind wir nun. Wir haben ordentlich zu tun.
8. Acht Trommler kann man ganz weit hören, viel lauter noch als Hirsche röhren.
9. Der neunte Trommler schlägt Alarm, vom Trommeln wird der Eimer warm.
10. Kommt Trommler Nummer zehn daher und sagt: Es reicht, mehr geht nicht mehr.

Und zum Schluss alle gemeinsam:

Und alle Trommler werden still. Zu Ende ist das Trommelspiel.

Idee: Marion Bischoff

Von Teekesseln und Tankstellen

Fangspiele

Alter: ab 4 Jahren
Dauer: 10 Minuten

Spiel 1 | DAS TANKSTELLEN-SPIEL

Material: Beutel mit Wäscheklammern, 1 Gymnastikreifen

Bei diesem Spiel stellen die Kinder Autos dar, die Sprit benötigen. Dieser besteht aus Wäscheklammern. Teilen Sie daher an jedes Kind zwei Wäscheklammern aus. Legen Sie die übrigen in einen Gymnastikreifen, der auf dem Boden liegt. Der Gymnastikreifen stellt eine Tankstelle dar. Befestigen Sie auf den Schultern der Kinder ihre zwei Wäscheklammern.

Die Mädchen und Jungen versuchen nun untereinander, den Sprit, also die Wäscheklammern, zu nehmen. Wenn ein Auto keinen Sprit mehr hat, fährt es zur Tankstelle und tankt wieder Wäscheklammern auf. In der Tankstelle selbst darf kein Sprit geklaut werden. Wer schon zwei Wäscheklammern hat, darf sich nicht in der Tankstelle bedienen.

Spiel 2 | DER KESSEL PLATZT

Die Jungen und Mädchen bilden einen Kreis und fassen sich an den Händen. Die Kinder stellen das Wasser in einem Kessel dar. In der Kreismitte steht ein Kind. Es beschreibt nacheinander den Zustand des Wassers in dem Wasserkessel: kalt, lauwarm, warm, heiß, das Wasser kocht – der Kessel platzt. Je nach Temperatur bewegen sich die Kinder immer schneller. Bei *Kessel platzt* laufen alle Kinder los und das Kind in der Mitte fängt ein anderes Kind. Dieses darf jetzt in die Mitte und den Kessel zum Platzen bringen.

Idee: Britta Bartoldus

Eismalerei
Kreatividee für heiße Sommertage

Alter: ab 4 Jahren
Dauer: 25 Minuten
Material: Eiswürfelbehälter, Wasserfarben, Wasser, große Papierbögen

EISWÜRFELFARBEN

Füllen Sie in Eiswürfelbehälter Wasser ein und tröpfeln Sie Wasserfarben in die einzelnen Behälter. Nun stellen Sie alles zum Einfrieren in den Gefrierschrank.

Die Kinder wollen bestimmt alle Farben ausprobieren – frieren Sie also genug Eiswürfel ein!

Achten Sie speziell bei jüngeren Kindern darauf, dass sie die Eiswürfel nicht in den Mund nehmen oder verwenden Sie Lebensmittelfarben.

MALSPASS IM FREIEN

Nachdem die Eiswürfel durchgefroren sind, holen Sie sie heraus und bieten Sie sie den Kindern zum Malen im Freien an. Mit den Eiswürfeln können die Kinder auf große Papierbögen oder auf weiße Laken malen.

Idee: Marion Bischoff

Der Wiesenfischer

Beobachtungsspiel

Alter: ab 3 Jahren
Dauer: 30 Minuten
Material: weißes Bettlaken, Becherlupen

ES KREUCHT UND FLEUCHT ...

Blühende Wiesen sind voller Lebewesen. Klar, Hummeln und Bienen schwirren hier herum und sind gut sichtbar. Doch was ist mit den kleineren Tieren, die auf der Wiese heimisch sind? Bei dieser Idee entdecken die Kinder, dass die Wiese voller Leben steckt.

WAS LEBT HIER ALLES?

Breiten Sie einfach ein weißes Bettlaken über der Wiese aus. Damit „fischen" die Kinder in der Wiese. Nach ein paar Minuten das Tuch vorsichtig umdrehen. Helfen Sie den Kindern dabei, damit die Kleinstlebewesen nicht vom Tuch herunterfallen. Geben Sie den Mädchen und Jungen ausreichend Gelegenheit, die Tiere auf dem Tuch zu beobachten.

Vielleicht finden Sie ein paar Minikäfer, Spinnen, Blattläuse oder kleine Fliegen? Zum Beobachten der Tiere ist eine Becherlupe hilfreich.

Aber Vorsicht: Die Tierchen sind sehr empfindlich. Entlassen Sie sie daher nach der Aktion wieder in die Freiheit.

Idee: Marion Bischoff

Hasenhüpfen
Osterhasen-Mitmachgeschichte

Alter: ab 3 Jahren
Dauer: 45 Minuten
Material: farbige Kunststoffeier in 4 oder mehr Farben, Farbkarten mit den entsprechenden Farben, 5 Körbe, 4 oder mehr Wäscheklammern

VORBEREITUNG
Die Kinder sortieren bei dieser Mitmachgeschichte bunte Spiel-Ostereier in Körbe. Verteilen Sie die Körbe auf der Wiese und befestigen Sie Karten mit der jeweiligen Farbe mithilfe von Wäscheklammern an den Körben. So können die Kinder schon von Weitem erkennen, in welchen Korb welches Ei gehört. Die bunten Eier liegen zu Beginn alle in einem Körbchen in der Mitte.

Der Osterhase und seine ganze Familie haben bis zum Osterfest viel zu tun, damit auch wirklich alle Kinder dann ein buntes Nest im Garten finden. Zuerst müssen viele Eier bemalt werden.
Mit den Armen ausladende Bewegungen machen, als ob Sie ein überdimensional großes Ei bemalen. Animieren Sie die Kinder zum Nachahmen.

Manchmal schmerzt dem Osterhasen dann sein Arm und er muss mit der anderen Hand malen.
Mit dem anderen Arm die gleichen Bewegungen durchführen.

Doch das ist längst noch nicht alles. Der Osterhase muss jeden Tag ein wenig herumhüpfen, damit er genügend Kraft hat, wenn es zu Ostern endlich losgeht. Das können wir auch.
Alle hüpfen über die Wiese.

Doch der Osterhase und seine Familie müssen vor allem aufeinander achtgeben, denn jeder von ihnen trägt Eier im Rucksack, und wenn sie sich anrempeln oder umstoßen, gehen die Eier kaputt. Deshalb hüpfen alle vorsichtig hintereinander her.
Die Kinder stellen sich hintereinander auf, das erste Kind hüpft, dann das zweite usw.

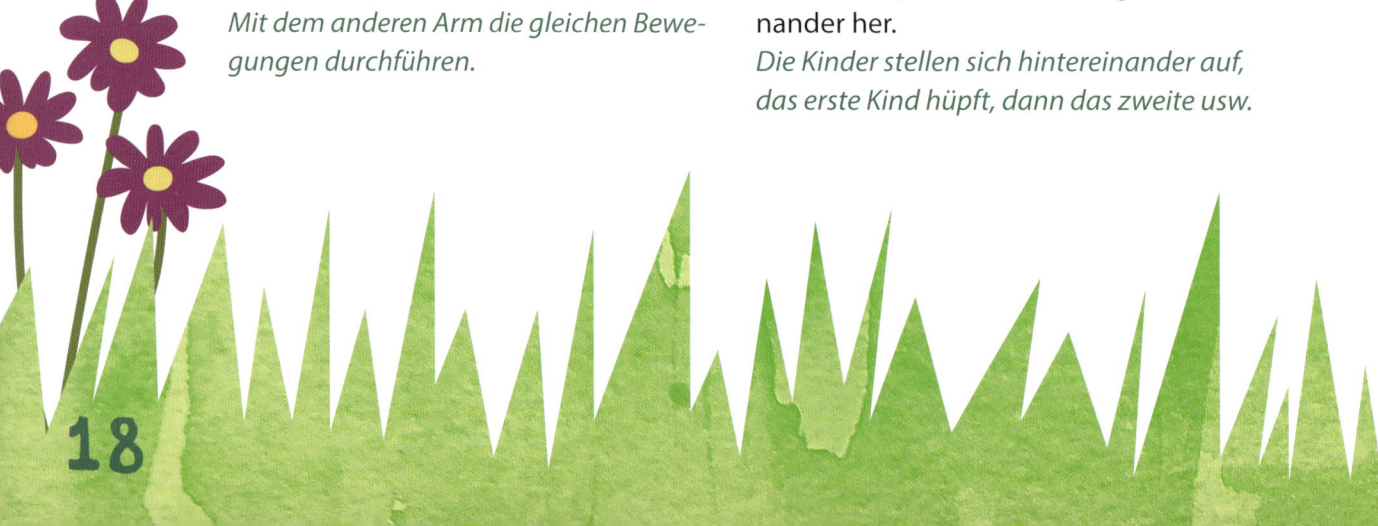

Wenn die Häschen müde sind, machen sie sich ganz klein und schlafen.
Die Kinder „rollen" sich sitzend zusammen, ziehen den Kopf ein und bleiben ruhig sitzen.

Doch sobald sie sich ausgeruht haben, hüpfen sie noch schneller als zuvor.
Die Kinder machen mehrere Sprünge aus der Hocke.

Bevor es endlich losgeht, müssen die Osterhasen die Eier nach Farben sortieren. Auch unsere Eier sind durcheinandergeraten. Schaut mal, es gibt einen Korb für gelbe, rote und blaue Eier. Alle anderen Farben kommen in den vierten Korb. (Text entsprechend den Eierfarben anpassen!)
Die Kinder sortieren die Eier in die entsprechenden Körbe.

Sobald sie im Garten der Menschen ankommen, müssen die Häschen vorsichtig umherschleichen, damit niemand sie entdeckt.
Alle bewegen sich möglichst geräuschlos.

Dann verstecken sich die Osterhasen, und wenn die Sonne aufgeht und die Kinder in den Garten stürmen, hören sie die Freude der Kinder, denn die schreien so laut sie können.
Alle Kinder laufen schreiend über die Wiese.

Idee: Marion Bischoff

Maulwurfspiele
Bewegungsspiele

Alter: ab 4 Jahren
Dauer: 20 Minuten

Spiel 1 | RASEN WIE EIN MAULWURF
Material: Maßband, 2 Pylonen (oder andere Markierung), Stoppuhr

Auf einer großen Wiese (oder alternativ einem Waldweg) messen die Kinder eine Strecke von 67 m aus. Anfang und Ende der Strecke markieren die Kinder mit Hüten/Pylonen, Seilen oder Stöcken. Diese Strecke legt der Maulwurf in seinen unterirdischen Gängen in einer Minute zurück. Das sind umgerechnet 4 km/h! Ob die Kinder das auch schaffen? Die Kinder starten nacheinander und stoppen ihre Laufzeit. Wer ist so schnell oder noch schneller als der Maulwurf?

Spiel 2 | GRABEN WIE EIN MAULWURF
Material: 1 ausgedienter Teelöffel für jedes Kind

Jedes Kind erhält einen Teelöffel als „Grabkralle" und soll so schnell wie möglich einen Tunnelgang im Sandkasten oder auf dem Waldboden graben. Der Maulwurf kann mit seinen Grabehänden in nur einer Stunde bis zu 7 m lange Gräben anlegen. Vermutlich ist Ihr Sandkasten nicht so tief – aber es reicht ja auch ein kleiner Tunnel!

Spiel 3 | FUTTERN WIE EIN MAULWURF
Material: Fruchtgummiwürmer, Tabletts, Schalen, Teller

Mit Augenbinden sollen die Kinder mithilfe ihrer Hände – als Ersatz für die Tasthaare des Maulwurfs – und ihres Geruchssinns leckere, gut duftende Würmer (hier die Fruchtgummiwürmer) finden. Dazu verstecken die anderen Kinder die Fruchtgummiwürmer auf Tellern oder auf dem Tablett. Die Kinder sollen die Würmer durch Schnuppern und Tasten aufsammeln. Der Maulwurf sammelt bis zu 2 kg Würmer für seinen Wintervorrat.

Idee: Michael Müller

Auweia, die Eier!
Eier-Stopp-Spiel

Alter: ab 4 Jahren
Dauer: 20 Minuten
Material: Musik, hart gekochte Ostereier, Körbchen

Dieses Stoppspiel lässt sich wunderbar auch in größeren Gruppen spielen und ist daher toll für ein Frühlingsfest!

RUNDHERUM IM KREIS HERUM

Die Kinder stehen im Kreis. Die Musik setzt ein und die Kinder reichen ein hart gekochtes, buntes Osterei flink von Hand zu Hand im Kreis herum. Wenn die Musik stoppt, wird geschaut, bei wem das Ei in diesem Moment ist. Alle sagen dann gemeinsam und laut: „Auwei, das Ei!", denn dasjenige Kind, das das Ei gerade in der Hand hält, muss nun leider ausscheiden.

Dann setzt die Musik erneut ein und das Ei wird bis zum nächsten Stopp und Ausscheiden wieder schnell im Kreis herumgereicht. Der Sieger des Stopp-Spiels darf das Osterei behalten und aufessen. Wer das Ei im Eifer des Gefechts fallen lässt, muss leider auch ausscheiden.

Bei einer größeren Spielgruppe werden mehrere bunte Ostereier zeitgleich in Umlauf gebracht. Dann heißt es: „Auweia, die Eier!"

Idee: Karin Schäufler

Die große Wasserfete
Wasserspiele für das Sommerfest

Alter: ab 3 Jahren
Dauer: den ganzen Nachmittag

Station 1 | DIE NASSE LEINWAND

Material: farbige Leintücher, Spritzpistolen, Wäscheleine

Hängen Sie an einer Wäscheleine ein farbiges Leintuch auf. Die Kinder und ihre Eltern erhalten je eine Spritzpistole. Gemeinsam entscheidet die Familie, was sie auf das Tuch mit Wasser „malen" will. Die Pistole dient dabei als „Stift". Wem gelingt es, das Bild fertigzustellen, ohne dass das Wasser an manchen Stellen schon wieder trocknet?

Station 2 | GARTENSCHLAUCHMUSIK

Material: Gartenschlauch (alternativ: Spritzpistolen mit großem Tank), Metallglocken (alternativ: Dosen mit Löffel)

Hängen Sie in etwa 3 m Entfernung zum Wasserschlauch (je nachdem, wie viel Druck der Schlauch hat) mehrere Metallglocken (oder die Dosen) auf. Nun versuchen zuerst die Kinder und dann die Eltern, die einzelnen Glocken mit dem Wasserstrahl zu treffen und zum Klingen zu bringen.

Station 3 | WASSER-SCHWAMM-SCHLACHT

Material: Schwämme

Mit wassergetränkten Schwämmen bewerfen die Kinder ihre Eltern, die entweder auf einem Stuhl sitzen, den Kopf durch ein Fenster strecken oder immer wieder hinter einem Baum auftauchen. Hierfür sind den Ideen keine Grenzen gesetzt. Gestalten Sie das Spiel so, dass es auf Ihrem Freigelände durchgeführt werden kann.

Idee: Marion Bischoff

Station 4 | OBSTKROKODILE
Material: Schüsseln mit Wasser, Äpfel

Jedes Familienmitglied steht mit hinter dem Rücken verschränkten Armen vor einer Wasserschüssel, in der ein Apfel schwimmt. Nun versucht jedes Obstkrokodil, den Apfel nur mit dem Mund aus seiner Schüssel zu fischen. Dabei wird das Obst immer wieder wegrutschen, aber mit ein bisschen Mühe klappt das bestimmt!

BELOHNUNG FÜR DIE WASSERFEST-BESUCHER

An jeder Station erhalten die Kinder blaue Muggelsteine als Wassertropfen. Wer genug Wassertropfen gesammelt hat – also jede Station einmal erledigt hat – bekommt als Preis ein Wassereis.

Station 5 | WASSER-SEILTANZ
Material: Gießkannen

Ein Familienmitglied hält die Gießkanne in der Hand und malt mit dem Wasser Linien auf den Boden. Die anderen Familienmitglieder balancieren auf der Linie entlang und dürfen diese nicht verlassen.

Von Robotern und Popcorn

Spiele ohne Verlierer

Alter: ab 4 Jahren
Dauer: je 15 Minuten

Spiel 1 | POPCORN

Es wird ein kleines Spielfeld abgegrenzt. Alle Kinder sind Maiskörner, die sich in einer Pfanne (Spielfeld) bewegen. Dabei versuchen sie, sich nicht zu berühren. Berühren sich Kinder, werden sie zu Popcorn und müssen stehen bleiben. Wie lange es wohl dauert, bis aus allen Maiskörnern Popcorn geworden ist?

Spiel 2 | ROBOTER

Dieses Spiel wird paarweise gespielt. Einem Kind werden die Augen verbunden. Es ist der Roboter. Das andere Kind versucht, den Roboter durch festgelegte Kommandos zu steuern, beispielsweise: auf den Rücken klopfen kann nach vorn gehen bedeuten, auf die linke Schulter klopfen bedeutet Drehung nach links. Besonders viel Spaß macht es, wenn sich mehrere Roboter im Raum bewegen. Nach einiger Zeit werden die Rollen gewechselt.

NEW GAMES FÜR DIE KLEINSTEN

Bei Spielen ohne Verlierer, oder auch New Games genannt, liegt der Fokus auf dem Teamgedanken. Gemeinsam Bälle aufheben und in einen Wäschekorb tragen, zusammen einen großen Eimer mithilfe von kleinen Kannen mit Wasser füllen. Auch für ganz junge Kinder gibt es Spielkonzepte, die das gemeinsame Erreichen eines Ziels beinhalten.

Idee: Michaela Lambrecht

Komm in den Obstgarten
Bewegungsspiel

Alter: ab 3 Jahren
Dauer: 15 Minuten
Material: je 10 Sandsäckchen und je 1 Gymnastikreifen in Grün, Rot, Blau, Gelb, 2 Farbwürfel mit den 4 Farben, 2 Körbe

Die Ernte steht vor der Tür und die Kinder sammeln reife Früchte ein, die überall auf der Wiese verstreut sind. Die Äpfel, Kirschen, Pflaumen und Birnen müssen dringend geerntet werden …

VORBEREITUNG

Verteilen Sie die Gymnastikreifen an den Rändern der Wiese und legen Sie die passenden Sandsäckchen hinein. Jede Farbe steht für ein Obst: Grün für Äpfel, Rot für Kirschen, Blau für Pflaumen und Gelb für Birnen. Die Reifen sind die Obstbäume.

DIE OBSTERNTE BEGINNT!

Die Kinder versammeln sich in der Mitte des Spielfeldes. Jetzt werden zwei Teams bestimmt, die gegeneinander im Obsterntewettbewerb antreten. Jedes Team bekommt ein Körbchen. Jeweils ein Kind aus jeder Gruppe beginnt und würfelt mit dem Farbwürfel. Das Kind sucht den passenden Obstbaum, holt ein Stück Obst (ein Sandsäckchen) aus dem Reifen und bringt es zur Gruppe.
Dort steht der Korb bereit, in dem die Obststücke gesammelt werden. Anschließend ist das nächste Kind an der Reihe. Das Spiel ist zu Ende, wenn die ganze Ernte eingebracht ist. Sieger ist, wer mehr Obst im Körbchen hat.

ALLE GEMEINSAM

Für ein Spiel ohne Verlierer, zum Beispiel als Aufwärmspiel, spielen die Kinder nur in einer großen Gruppe. Die Kinder würfeln nacheinander, bis alle Früchte im Korb sind. Stoppen Sie die Zeit, dann sieht die Gruppe bei mehreren Durchgängen, ob sie mal schneller und mal langsamer ist.

Idee: Britta Bartoldus

Ein Tag auf dem Bauernhof

Mitmachgedicht

Alter: ab 3 Jahren
Dauer: 10 Minuten

Ein **Hahn** kräht laut auf einem Bein,
wach sollen alle Tiere sein.
Die **Kühe** stampfen mit den Beinen
auf Weiden, Wiesen, Gras und Steinen.
Die **Hühner** brüten Eier aus,
hocken still im Hühnerhaus.
Die **Katzen** liegen in der Sonne,
entspannen heute voller Wonne.
Marienkäfer fliegen heiter
von Blume zu Blume und immer weiter.
Die **Hunde** rennen wild umher,
hüten Schafe, das ist schwer.
Mäuse huschen und trippeln schnell,
retten vor der Katze ihr Fell.
Zwei **Fohlen** springen alle beide,
freuen sich auf ihrer Weide.
Enten watscheln, quaken laut dabei,
die Küken kommen auch herbei.
Die **Schweine** wälzen sich im Matsch,
sie lachen, machen Riesenquatsch.
Der Tag neigt sich dem Ende zu,
die **Tiere** gehen bald zur Ruh.

UND SO GEHT'S:
Den Text begleiten die Kinder mit selbst ausgedachten Bewegungen, zum Beispiel auf einem Bein stehen, stampfen oder watscheln. Zu den einzelnen Tieren können die Kinder auch immer vormachen, wie die Tiere rufen, brüllen, piepsen oder schnurren.

Die Tiere sind müde

Ruhe kehrt im Hof jetzt ein,
alle Tiere groß und klein,
wollen jetzt zu Hause sein.
Kühe trotten in die Ställe,
schütteln müde ihre Felle.
Schweine grunzen, kuscheln sich,
gähnen laut und fürchterlich.
Hühner laufen ins Hühnerhaus,
kommen für heute nicht mehr raus.
Mäuse verstecken sich, decken sich zu,
schließen die Augen, gehen zur Ruh.
Alle Tiere ruhen sich aus,
Kühe, Schweine, Hühner und Maus.
Ruhe kehrt im Hof jetzt ein,
bei allen Tieren, groß und klein.

UND SO GEHT'S:
Nach dem bewegten Mitmachgedicht finden die Kinder mit diesem Reim wieder in die Ruhe. Dazu überlegen sich die Kinder zunächst, welche Tiergruppe sie darstellen möchten: **Kühe, Hühner, Schweine** oder **Mäuse**. Sobald eine Gruppe im Sprechtext vorkommt, legen sich die betreffenden Kinder auf die Wiese (ggf. mit Decken), bis alle Tiere/Kinder ruhig liegen und eine kleine Weile entspannen.

Idee: Tina Scherer

Blüten und Schmetterlinge

Yoga-Reime auf der Frühlingswiese

Alter: ab 3 Jahren
Dauer: 10 Minuten

EIN SCHMETTERLING FLOG HOCH HINAUF

Ein Schmetterling flog hoch hinauf,
Beide Hände mit den Handrücken nach oben zu einem Schmetterling aneinanderlegen und hoch in die Luft halten.

dann ruht er aus, schnauf, schnauf, schnauf, schnauf.
Die Hände nach unten nehmen und tief durchatmen.

Wiegt sich auf einer Blüte im Wind,
Die Hände hin- und herbewegen.

dann flattert er weiter, geschwind, geschwind.
Wieder die Hände in die Höhe führen und dabei Flatterbewegungen machen.

BLÜTEN-ASANA

Kleine Blume, komm doch raus,
strecke deine Blätter aus!
Alle Kinder kauern in der Hocke auf dem Boden und erheben sich langsam.

Es ist schon warm, der Winter fort,
wachse hoch an diesem Ort.
Sich aufrichten, die Hände über dem Kopf falten.

Reck und streck dich hoch hinauf,
in deinem Blumen-Dauerlauf.
Mit über dem Kopf gefalteten Händen strecken.

Entfalte deine Blütenblätter,
bei Sonne und bei Regenwetter.
Die Hände langsam und kreisförmig sinken lassen und dabei laut ausatmen.

Idee: Tina Scherer

Rangierbahnhof und Atomspiel

Aufwärmspiele

Alter: ab 4 Jahren
Dauer: 10 Minuten

Spiel 1 | RANGIERBAHNHOF

Die Kinder laufen zu zweit hintereinander als Eisenbahn mit Anhänger kreuz und quer durch die Halle. Das erste Kind ist die Lokomotive, das zweite Kind hält sich an den Schultern fest und ist ein Waggon.

Einige Kinder bewegen sich als Waggons frei durch den Raum und versuchen, sich ebenfalls an eine Eisenbahn mit Waggon zu hängen. Sobald bei einem Zug drei Kinder aneinander sind, wird die Lokomotive (das vorderstes Kind) zum einzelnen Waggon und sucht sich eine neue Eisenbahn.

Die Kinder bestimmen ihre Bewegungsarten gemeinsam: schnell laufen, rückwärts gehen, hüpfen, auf Zehenspitzen oder auf den Fersen laufen, langsam gehen.

Spiel 2 | ATOMSPIEL

Material: Musik

Alle Kinder bewegen sich zur Musik frei im Raum. Sobald die Musik stoppt, geben Sie eine Zahl an. Beispielsweise: Es verbinden sich drei Atome. Jeweils drei Kinder bilden dann eine Gruppe. Wie viele Gruppen gibt es, wie viele Kinder bleiben übrig? Das Spiel kann beliebig lange gespielt werden.

Spiel 3 | LASS DICH (NICHT) FALLEN

Material: Rundseil

Alle Kinder halten sich an einem Rundseil fest. Vorsichtig lehnen sich alle nach hinten. Dabei darf niemand loslassen.

Idee: Britta Bartoldus

Wen erwischt der Drache?

Aufpassspiel

Alter: ab 3 Jahren
Dauer: 15 Minuten
Material: Muggelsteine

Pass auf, dass dich der Drach nicht kriegt,
wenn er über uns wegfliegt.
Er schnaubt und flattert, fliegt und zischt
und wenn er stoppt, erwischt es dich.

UND SO GEHT'S:

Die Kinder stehen oder sitzen im Kreis. Ein Kind ist der Drache. Es muss kurz die Augen schließen. Die anderen Kinder strecken die geschlossenen Fäuste nach vorn. Zwei oder drei Kinder verstecken in jeweils einer Faust einen Muggelstein, eine Murmel oder einen ähnlichen kleinen Schatz.

Der Drache läuft nun durch die Runde und kreist mit einer Hand im Uhrzeigersinn über die Fäuste der Kinder. Dazu spricht oder zischt der Drache den Drachenjagdvers. Beim letzten Wort „dich" landet der Drache auf einer Faust. Befindet sich ein Schatz darin, jubeln alle Kinder. Das Kind, in dessen Hand der Drachenschatz gefunden wurde, übernimmt in der nächsten Spielrunde die Drachenrolle.

Idee: Tina Scherer

Kapitel 2
Im Wald

Lauschen, tasten und vertrauen

Orientierungsspiele im Wald

Alter: ab 4 Jahren
Dauer: je 20 Minuten

Spiel 1 | BLINDE RAUPE

Dieses Spiel erfordert viel Vertrauen und Konzentration. Alle Kinder stellen sich hintereinander auf und halten sich an den Schultern des vorderen Kindes fest. Sie schließen die Augen und lassen sich von dem ersten Kind, das geöffnete Augen hat, durch den Wald führen. Wie geht es den Kindern dabei: Haben sie Angst? Wer traut sich, die anderen Kinder durch den Wald zu führen?

Spiel 2 | LAUSCH IN DEN WALD!

Die Kinder kommen in einem engen Sitzkreis zusammen. Alle Kinder dürfen jetzt die Augen schließen und ganz leise sein. Für etwa 2 Minuten hören die Kinder ganz genau in die Stille des Waldes. Dazu gehört viel Mut, denn es ist nicht einfach, mitten am Tag an einem unbekannten Ort die Augen zu schließen. Im Anschluss dürfen die Mädchen und Jungen der Reihe nach berichten, was sie gehört haben. Haben alle Kinder das Gleiche gehört? Was war das? Was hört sich im Wald ganz anders an als in der Kita oder zu Hause?

Spiel 3 | BAUMFÜHLER

Die Kinder finden sich paarweise zusammen. Ein Kind bekommt die Augen verbunden. Das andere Kind führt seinen „blinden" Partner zu einem Baum in der Nähe und lässt ihn diesen ausführlich befühlen. Danach geht es wieder zurück. Die Augenbinde wird abgenommen. Findet der Baumfühler noch einmal seinen Baum, den er zuvor befühlt hat, jetzt nur durch Anschauen heraus? In der nächsten Runde darf der andere Partner einen Baum befühlen.

Idee: Michaela Lambrecht

Wenn der Baum im Frühling rauscht

Lauschexperiment

Alter: ab 3 Jahren
Dauer: 20 Minuten
Material: Stethoskop (ein ausgedientes eines Hausarztes oder über das Internet)

WASSER MARSCH

Nachdem die Bäume in den Wintermonaten ihre Wasserversorgung eingestellt haben, brauchen sie in den ersten warmen Frühlingstagen besonders viel Flüssigkeit, die in die Äste und Zweige fließen muss. Dieses Phänomen kann man mit dem Stethoskop hören.

HÖR DOCH MAL ...

Gehen Sie mit den Kindern in den Wald und legen Sie, sobald die Sonne scheint, das Stethoskop an die Rinde. Dabei können die Kinder das Rauschen des Wassers, das durch den Stamm hochgezogen wird, hören. Am besten eignen sich Bäume mit dünner Rinde, zum Beispiel Buchen und Birken.

Besprechen Sie mit den Kindern, was im Inneren des Baumes passiert. Das Bild eines Baumquerschnitts kann für die Erklärungen hilfreich sein. Dabei können Sie auch einen Vergleich mit der menschlichen Blutbahn aufnehmen.

SCHNELL SEIN!

Dieses Geräusch ist tatsächlich nur in den ersten Frühlingstagen zu hören. Sobald der Baum wieder komplett mit Flüssigkeit versorgt ist, verschwindet das deutliche Rauschen im Stamm. Sie müssen also den richtigen Moment erwischen, können jedoch selbst schon einen Tag vorher zum „Testhören" gehen.

Idee: Marion Bischoff

Wie weit springe ich?
Tierischer Weitsprung im Wald

Alter: ab 3 Jahren
Dauer: 15 Minuten
Material: Maßband, Seil, ggf. Fotokärtchen von Tieren

Wie weit springt eigentlich ein Fuchs und wie weit springe ich? Bei diesem Spiel vergleichen die Kinder ihre Sprungkraft mit der der tierischen Waldbewohner.

SO WEIT SPRINGEN TIERE AUS DEM STAND:

Floh 0,6 m
Waldmaus 0,7 m
Eichhörnchen 0,9 m
Mauswiesel 1,2 m
Steinmarder 1,5 m
Hase 2 m
Fuchs 2,8 m
Baummarder 3 m
Wildschwein 4 m
Reh 6 m

UND SO GEHT'S:

Auf einer freien Fläche im Wald markieren die Kinder mit einem Seil eine Startlinie. Von dieser Linie aus versuchen die Mädchen und Jungen aus dem Stand so weit wie möglich zu springen. Wer schafft das Eichhörnchen? Und wer sogar das Mauswiesel? Mit etwas Anlauf kommen die Kinder sicherlich weiter – lassen Sie die Kinder beide Arten testen und vergleichen.

TIERWEITSPRUNG ALS WETTSPIEL

Stecken Sie entlang der Sprungstrecke die Weiten der Tiere mit Stöcken ab. Fotokärtchen von den Tieren, die am Stock befestigt sind, erleichtern die Orientierung. Dann bilden die Kinder 2 Teams und nacheinander springen alle Kinder. Jeder Stock – also jede erreichte Weite eines Tieres – gibt einen Punkt für das Team. Am Ende wird zusammengezählt. Sieger ist das Team mit den meisten Punkten.

Idee: Michael Müller

Geschenke für die Waldfeen

Such- und Sammelspiel

Alter: ab 4 Jahren
Dauer: 30 Minuten
Material: schönes Tuch, ätherisches Öl, Kärtchen mit Waldsymbolen

GESCHICHTE ZUR EINFÜHRUNG

Wisst ihr eigentlich, was Feen sind? Ganz genau: Die Feen hier im Wald, also die Waldfeen, sind ganz kleine, zarte Wesen. Meistens sieht man sie nicht, weil sie sich unter Blättern oder in Mauselöchern verstecken, wenn Menschen vorbeikommen.
Die Feen sind sehr unterschiedlich: Während die eine Fee vor allem grüne Dinge liebt, mag die andere stachlige und wieder eine andere glatte Gegenstände.

Habt ihr Lust, den Feen eine kleine Freude zu machen? Übrigens: Wer ganz genau hinschnuppert, der kann riechen, wenn sich Feen freuen …

UND SO GEHT'S

Um den Feen eine Freude zu bereiten, sollen die Kinder für jeweils eine Fee ein Gastgeschenk suchen. Dazu erhalten die Kinder je ein Kärtchen mit der Information, was ihrer Fee besonders gefällt.
Dafür eignen sich Fotokärtchen oder Piktogramme mit Formen und Farben auf Zetteln. Sprechen Sie kurz mit den Kindern darüber, damit es keine Missverständnisse gibt.

Nun beginnt die Suche. Schon bald liegen auf einem ausgebreiteten Tuch raue, glatte, grüne, rote, runde, eckige, schwere, nasse, stachlige, gewellte, hohle, schuppige, weiche und spitze Gegenstände.

Da die Waldfeen sich nicht beim Aufsuchen ihrer Geschenke beobachten lassen, setzen Sie Ihren Weg fort. Auf dem Rückweg besuchen Sie den Platz noch einmal. In einem unbeobachteten Moment träufeln Sie nun das Duftöl auf die Geschenke oder auf das ausgebreitete Tuch. Wenn Sie die Stelle später wieder gemeinsam aufsuchen, erschnuppern die Kindernasen sofort, dass die Waldfeen da gewesen sein müssen.

Idee: Michael Müller

Rindenschiffchen-Regatta

Kreatividee mit Wald und Wasser

Alter: ab 4 Jahren
Dauer: 30 Minuten
Material: Rinde, Äste, Blätter, Handbohrer

Spielen und Kreativsein mit Naturmaterialien: Das testen die Kinder bei dieser Aktion, die im Wald beginnt und am Bach endet.

EIN SCHIFFCHEN AUS RINDE

Sammeln Sie mit den Kindern im Wald dicke Rindenstücke, möglichst gerade Ästchen und Blätter.

Die Kinder legen die Rindenstücke mit der Außenseite nach unten. In die glatte Innenseite bohren die Mädchen und Jungen mit Ihrer Hilfe mit dem Handbohrer ein so tiefes Loch, dass sie ein Ast- oder Zweigstückchen hineinstecken können. Dabei ist ein wenig Fingerfertigkeit vonnöten, um das Loch möglichst gleichmäßig zu gestalten, sodass der Ast nicht zur Seite kippt – sonst bekommt das Schiffchen später auf dem Wasser eine Schlagseite.

Jetzt braucht das Schiffchen noch ein Segel. Dafür durchstoßen die Kinder mit dem Ast das Blatt vorsichtig an den jeweiligen Enden, sodass der Ast oben und unten im Blattsegel steckt.

DAS WETTRENNEN

An einem niedrigen Bachlauf kann dann eine Rindenschiffchen-Regatta starten. Da alle Schiffchen aus Rinde bestehen, brauchen Sie auch keine Sorge zu haben, dass eines untergeht. Selbst die Schiffe mit Schlagseite nehmen ihren Weg. Stecken Sie für noch mehr Spannung vorher eine bestimmte Strecke entlang des Bachlaufs ab und ein Schiedsrichter wartet am Ende auf die Schiffchen, um sie wieder aus dem Wasser zu holen.

Jeder kann sein Schiffchen mit etwas Besonderem kennzeichnen: einer Blüte, einem frischen Blatt, einem kleinen Kranz aus Gräsern … So erkennen die Kinder ihr Boot schneller wieder.

Idee: Marion Bischoff

Liebe kleine Fledermaus

Mitmachgedicht

Alter: ab 3 Jahren
Dauer: 5 Minuten

**Liebe kleine Fledermaus,
breite deine Flügel aus.**

*Mit den Händen Flatterbewegungen machen,
dazu die Hände zunächst nah beieinander halten,
dann die Arme mit flatternden Händen ausbreiten.*

**Flieg im Wald bei Nacht umher,
Motten schnappen: gar nicht schwer!**

*Flatterbewegungen, dann pantomimisch das Fangen
einer Motte aus der Luft nachstellen.*

**Dann ruh dich aus, du kleines Ding,
kuschel dich mit Freunden hin.**

Arme nah an den Körper nehmen und leicht zusammenkauern.

Idee: Tina Scherer

Fitte Waldsportler
Bewegungsspiele

Alter: ab 3 Jahren
Dauer: je 10 Minuten

Spiel 1 | **ZIELWERFEN**

Material: dicke Stöcke, 4 Reifen, 4 verschiedene Naturmaterialien wie Steine, Kastanien, Tannenzapfen, Moos

Legen Sie mit ein paar dicken Stöcken eine Abwurflinie. Dann legen Sie die vier Reifen in unterschiedlichen Abständen von der Abwurflinie auf den Boden. Die Kinder können nun versuchen, die unterschiedlichen Naturmaterialien möglichst zielgenau in die Reifen zu werfen. Sie werden schnell feststellen: Einige Naturmaterialien lassen sich gut werfen, andere weniger. Die Kinder können auch weitere Naturmaterialien suchen und ausprobieren.

Variation: Ordnen Sie jedem Reifen ein Material zu. Nun darf die Kastanie beispielsweise nur in den etwas weiter weg liegenden Reifen geworfen werden. Das erhöht den Schwierigkeitsgrad für die Kinder.

Spiel 2 | HASE, KOMM MIT!

Sie bilden mit den Kindern einen geschlossenen Kreis und fassen sich an den Händen. Wählen Sie ein Kind aus. Das Kind geht um den Kreis herum und tippt ein beliebiges Kind an, dabei sagt es laut:

„Hase, komm mit!"

Jetzt läuft es schnell los und versucht, vor dem anderen an dem freien Platz zu sein. Das angetippte Kind läuft hinterher und versucht ebenfalls wieder schneller an seinem Platz zu sein. Das Kind, das zuerst die Lücke erreicht, schließt den Kreis und das Spiel beginnt von vorn.

Spiel 3 | WALDPARCOURS

Die Kinder suchen sich Baumstämme zum Hinaufklettern, Drüberhüpfen oder zum Balancieren. Gibt es auch Gelegenheiten zum Hindurchkriechen, und Orte, an denen man sich gut verstecken kann?

Idee: Britta Bartoldus

Fußsohlen-Prickler

Barfußpfad im Wald

Alter: ab 3 Jahren
Dauer: 1 Stunde
Material: Eimer, Schaufeln, Naturmaterialien

ÜBER STOCK UND ÜBER STEIN …

… über Moos, Gras und Erde: ein Barfußpfad ist ein Erlebnis für die Füße. Eine Lichtung, eine ebene Stelle zwischen Laubbäumen oder der Waldrand sind ideale Orte für einen selbst gebauten Barfußpfad.

PFADBAUER AM WERK

Erklären Sie den Kindern, was ein Barfußpfad ist, und zeigen Sie ihnen ein Beispielfoto. Daraufhin dürfen die Kinder loslaufen und herumliegende Zweige und Äste sammeln. Suchen Sie eine möglichst ebene Stelle auf dem Waldboden und befreien Sie diese von herumliegendem Laub und Ästen.

Gemeinsam mit den Kindern legen Sie darauf einen etwa 1 m breiten Weg aus Ästen, den Sie mit kurzen Stöcken in mehrere Felder unterteilen. Anschließend besprechen Sie in der Gruppe, mit welchen Waldmaterialien man die einzelnen Felder füllen könnte, sodass sie sich möglichst unterschiedlich auf der Haut anfühlen (Blätter, Zapfen, Erde, Sand, Gras, Moos, Steine, Rinde, Schlamm …).

Wichtig: Weisen Sie auf einen achtsamen Umgang mit den Pflanzen des Waldes hin. Dann können Sie die Kinder losschicken, um die besprochenen Materialien zu sammeln.

Nach und nach füllen alle gemeinsam die Felder des Pfades. Achten Sie darauf, dass sie möglichst abwechslungsreich sind. Besonders toll finden die Kinder sicher ein Feld mit weichem Schlamm. Diesen können sie aus Erde, Sand und Wasser (aus einem Bach oder einer Pfütze) im Eimer selbst anrühren und auf den Pfad schütten.

EIN SCHRITT NACH DEM ANDEREN

Jetzt aber schnell die Schuhe aus und ab auf den Barfußpfad! Nacheinander wandern die Kinder über den Pfad – erst mit offenen und dann auch mit geschlossenen Augen. Dann führt immer ein Kind ein anderes an der Hand. Die Kinder dürfen raten, auf welchem Feld sie gerade stehen, und erzählen, wie sich das anfühlt.

BARFUSSPFAD IM GARTEN

Alternativ können Sie auch einen dauerhaften Barfußpfad im Kita-Garten anlegen, der sich mit den Jahreszeiten verändern oder erweitern lässt. In diesem Fall verwenden Sie als Basis am besten feinen Sand oder Kies und anstelle von Stöcken große Steine als Abgrenzung. Die Kinder werden sicher mit Eifer beim Bauen helfen. Als Steigerung können Sie für Fortgeschrittene auch Balancierstrecken und Hindernisse aus Hölzern und Steinen in den Pfad einbauen.

Idee: Theresa Schuster

Spürfüchse und blinde Passagiere

Spielideen im Herbstwald

Alter: ab 3 Jahren
Dauer: je 15 Minuten

Spiel 1 | BLINDER PASSAGIER

Material: Augenbinden

Die Kinder bilden Paare. Jedes Paar erhält eine Augenbinde. Ein Kind setzt die Augenbinde auf. Das andere Kind führt das blinde Kind durch den Wald. Nach 5 Minuten wird getauscht. Fragen Sie die Kinder danach, wie es war, sich blind durch den Wald zu bewegen.

Spiel 2 | BAUM, BLATT, AST

Material: Seile oder Markierungshütchen

Stecken Sie mit Seilen oder Markierungshütchen ein Spielfeld ab. Dabei sollten im Feld einige Bäume, Äste und Blätter liegen. Die Kinder laufen in dem abgesteckten Feld. Wenn Sie „Baum" rufen, sucht sich jedes Kind so schnell wie möglich einen Baum und umarmt ihn. Wenn Sie „Blatt" rufen, sucht sich jedes Kind so schnell wie möglich ein Blatt und hebt es vom Boden auf. Und wenn Sie „Ast" rufen, balancieren die Kinder auf einem auf dem Boden liegenden Ast.

Spiel 3 | **SPÜRFÜCHSE**

Material: Überraschungseierhülsen, Watte, Pfefferminzöl, Zitronenöl

Verstecken Sie eine Belohnung/Beute. Legen Sie eine Spur aus Überraschungseierhülsen. In den Hülsen befindet sich Watte. Sie können eine Spur mit Pfefferminzöl-Hülsen und eine andere mit Zitronenöl-Hülsen auslegen.
Die Kinder teilen sich zur Schnüffeljagd in zwei Gruppen auf: die Zitronenwichtel und die Pfefferminzelfen. Findet jede Gruppe ihren Schatz?

Spiel 4 | **HÖLZCHEN-MIKADO**

Die Kinder suchen im Wald etwa armlange Hölzchen und Stöcke zusammen. Dazu reißen sie keine Zweige oder Äste von den Bäumen ab, sondern sammeln zu Boden gefallene Stücke auf und befreien alle Stöckchen von ihren Blättern. Auf dem Boden eine freie Spielfläche von ca. 50 cm x 50 cm herstellen. Dort die Ästchen übereinanderstapeln. Die Kinder können nach den „Mikado"-Regeln spielen: Der Reihe nach versucht immer ein Kind, ein Ästchen vom Haufen zu nehmen, ohne dass die anderen Stöcke oder Ästchen sich bewegen. Wem das gelingt, der darf gleich noch einmal probieren. Gestalten Sie vorab einen Stock als „Mikado" – je nach Möglichkeit (schnitzen, Rinde entfernen, anmalen).

Idee: Tina Scherer und Britta Bartoldus

Farbspiralen und Blätterkörper

Kreativideen im Herbstwald

Alter: ab 3 Jahren
Dauer: 45 Minuten

Spiel 1 | DIE GROSSE FARBSPIRALE

Überlegen Sie sich gemeinsam mit den Kindern eine Farbreihenfolge, in der Sie eine Blätterspirale legen möchten. Am einfachsten ist es, sie von Gelb über Orange nach Rot und weiter nach Grün und dann Braun zu legen. Oder Sie beginnen mit Braun, dann Gelb, Orange, Rot, Dunkelgrün und dann Hellgrün.

Haben Sie sich geeinigt, teilen Sie die Kinder in sechs Gruppen ein. Fünf Gruppen bekommen jeweils die Aufgabe, Blätter in einer Farbe zu sammeln. Jede Gruppe sucht eine andere Farbe.

Die Kinder der sechsten Gruppe helfen, ein Stück Wald- oder Wiesenboden vorzubereiten. Es wird von Stöcken und Laub befreit, damit darauf die Spirale gelegt werden kann. Achten Sie darauf, dass die Fläche ausreichend groß ist.

Dann beginnen die Kinder in der Mitte mit dem ersten Blatt in Gelb oder Braun und legen die anderen Blätter in der festgelegten Farbenfolge zu einer Schlange aneinander, immer im Kreis um den Mittelpunkt herum. Die Größe der Spirale wird von der Menge und Größe der Blätter bestimmt. Mehrfarbige Blätter werden wie Dominosteine benutzt.

Spiel 2 | KÖRPERBILDER AUF DEM WALDBODEN

Bei dieser Idee können immer ein älteres und ein jüngeres Kind ein Paar bilden. Jeweils ein Kind darf beginnen und legt sich mit dem Rücken ins Laub. Das andere Kind zieht mit einem Stock oder Ast eine Linie entlang des Körpers des liegenden Kindes ins Laub oder in den Boden. Wichtig ist, dass die Umrisse danach noch gut zu erkennen sind. Das liegende Kind steht vorsichtig wieder auf. Nun wird getauscht und der Körperumriss des zweiten Kindes wird daneben auf den Boden „gemalt".

Anschließend sammeln die Kinder Blätter, Kastanien, Steine, Gräser und andere Naturmaterialien, legen sie auf ihren „Körperabdruck" und gestalten damit ihr ganz eigenes Körperbild. Dieses kann aussehen wie sie selbst (mit Gesicht, Jacke und Hose gelegt) oder aus Naturmaterialien oder mit Mustern und Formen gefüllt werden. Es kann auch eine Landschaft darin entstehen. Am Ende machen Sie gemeinsam einen kleinen Rundgang und jedes Kind stellt sein Körperbild vor.

Idee: Theresa Schuster

Hier geht's um die Nuss

Bewegungsspiele

Alter: ab 3 Jahren
Dauer: 30 Minuten
Material: ganz viele Nüsse

Spiel 1 | NUSSGEIER

Zuerst sammeln die Kinder ganz viel Laub und machen daraus einen großen Haufen. Danach drehen sich alle um und Sie oder ein anderer Erwachsener versteckt je nach Kinderzahl 10–20 Nüsse im Blätterhaufen. Auf Ihr Signal hin stürzen sich alle Kinder ins Laub und suchen die Nüsse. Wer die meisten Nüsse gefunden hat, ist der Nussgeier und darf alle Nüsse für die nächste Spielrunde im Blätterhaufen vergraben.

Spiel 2 | NUSSDIEBE

Teilen Sie die Kinder in zwei möglichst gleich große Gruppen ein und weisen Sie jeder Gruppe einen bestimmten Bereich in der Umgebung zu. Die Grenzen dieses Bereichs sollten klar abgesprochen oder mit Band, Seilen oder Kreide markiert werden. Jede Gruppe erhält je nach Größe 10 bis 20 Nüsse und die Aufgabe, diese in dem zugewiesenen Bereich zu verstecken. Die beiden Gruppen sollten das gleichzeitig tun, damit sie sich dabei nicht beobachten können. Besprechen Sie mit den Mädchen und Jungen vorher, dass die Nüsse nur so versteckt werden dürfen, dass sie auch wiedergefunden werden können. Sie dürfen zum Beispiel nicht vergraben oder ganz weit oben in einen Baum gelegt werden. Danach versammeln sich alle Kinder wieder bei Ihnen. Auf Ihr Signal hin stürmen alle los und sammeln so schnell wie möglich die Nüsse der anderen Gruppe ein. Die Gruppe, die zuerst alle Nüsse gefunden hat, hat gewonnen.

Spiel 3 | HERBST BEI DEN EICHHÖRNCHEN – MITMACHGESCHICHTE

Es ist Herbst. Im Eichhörnchenwald beginnen die Eichhörnchen damit, Vorräte für den Winter zu sammeln. Sie sammeln Nüsse, Zapfen, Eicheln und vergraben sie in Verstecken.

Jedes „Eichhörnchen" bekommt von Ihnen fünf Nüsse. Es versteckt sie an verschiedenen Stellen in der näheren Umgebung. Jede Nuss soll dabei an einen eigenen Platz gelegt werden, und zwar so, dass sie schnell und einfach wiedergefunden werden kann. Danach versammeln sich die Eichhörnchenkinder wieder bei Ihnen.

Nun ist der Winter eingebrochen und langsam werden die Eichhörnchen hungrig. Sie ziehen los, um die erste Nuss aus ihrem Versteck zu holen.

Die Kinder müssen nun loslaufen und so schnell wie möglich eine von ihren versteckten Nüssen wiederfinden und mitbringen. Wer keine Nuss bringt, scheidet aus.

Es wird immer kälter und beginnt zu schneien. Die Eichhörnchen frieren und haben großen Hunger. Sie flitzen los und diesmal holt jedes Eichhörnchen gleich zwei Nüsse aus seinen Verstecken.

Wieder rennen die Kinder zu ihren Verstecken und holen diesmal zwei Nüsse. So geht es weiter, bis alle fünf Nüsse zurückgebracht wurden. Diese Eichhörnchen haben den Winter gut überstanden.

Idee: Theresa Schuster

Kastaniensport
Bewegungsspiele

Alter: ab 3 Jahren
Dauer: 45 Minuten
Material: Kastanien

Spiel 1 | **KASTANIENZIELWURF**
Material: Eierkarton

Markieren Sie eine Startlinie. Stellen Sie einen Eierkarton etwa 1 m entfernt auf. Geben Sie den Kindern einige Kastanien. Die Kinder versuchen, die Kastanien in den Eierkarton zu werfen.

Spiel 2 | **KASTANIEN BALANCIEREN**

Jedes Kind sucht sich eine Kastanie aus. Die Kinder versuchen, die Kastanien auf möglichst vielen verschiedenen Körperteilen zu balancieren. Helfen Sie den Mädchen und Jungen gegebenenfalls dabei, die Kastanie auf die einzelnen Körperteile zu legen. Balancierübungen stärken und stabilisieren den gesamten Körper.

Spiel 3 | **KASTANIENSTRASSE BAUEN**

Treffen Sie sich mit den Kindern wieder im Kreis. Bauen Sie mit ihnen eine lange Kastanienstraße, indem die Kinder immer eine Kastanie an die andere legen. Im Anschluss daran dürfen die Kinder vorsichtig durch ihre Straße laufen. Dabei passen sie auf, dass sie die Straße nicht beschädigen, denn umherkullernde Kastanien bedeuten Ausrutschgefahr.

Idee: Britta Bartoldus

Auf der richtigen Fährte

Spurenlesespiel

Alter: ab 5 Jahren
Dauer: 20 Minuten
Material: ggf. Harke, Gießkannen

WIR SIND EUCH AUF DER SPUR!

Sicher haben die Kinder schon einmal Tierspuren entdeckt? Im Schlamm finden sich zum Beispiel oft Hufabdrücke von Wildschweinen. Richtig gute Spurenleser können nicht nur erkennen, wer da eine Spur hinterlassen hat, sondern auch, was derjenige oder dasjenige Tier dabei gerade gemacht hat.

EIN SPURENFELD ENTSTEHT

Die Kinder können das auch! Auf einer abgesteckten Freifläche im Wald legen die Kinder unterschiedlichste Spuren und versuchen, sie zu deuten. Der Boden sollte dazu eben und ein bisschen feucht sein. Mit einer Harke und einer Gießkanne können Sie da ein bisschen nachhelfen.

Die Kinder teilen sich in zwei Teams auf: die Spurenleger und die Spurenleser. Die Spurenleser suchen für etwa 10 Minuten einen anderen Ort auf.

Die Spurenleger können dann zum Beispiel:
– rückwärts gehen
– auf einem Bein hüpfen
– auf allen vieren kriechen
– auf den Zehenspitzen oder den Fersen laufen
– ein Kind Huckepack nehmen
– zu zweit dicht nebeneinander auf einem Bein hüpfen
– abwechselnd große und kleine Schritte machen

WAS WAR HIER DENN LOS?

Wenn alle Spuren fertig sind, dürfen die Spurenleser wieder dazukommen und ihre Vermutungen darüber anstellen, wie die einzelnen Spuren entstanden sind. Danach wird gewechselt.

Idee: Michael Müller

Fichtenzapfenjagd und Eichhörnchenspiel

Spiele im Winterwald

Alter: ab 4 Jahren
Dauer: je 20 Minuten

Spiel 1 | FICHTENZAPFENJAGD

Material: Stöcke oder Seile, Fichtenzapfen

Die Kinder sammeln möglichst viele Fichtenzapfen (oder andere Zapfen) zu einem großen Haufen: Es sollten mindestens 80–100 Zapfen zusammenkommen. Mit den Stöcken legen die Mädchen und Jungen ein kreisförmiges oder sechseckiges Spielfeld. Mit zwei weiteren Seilen oder weiteren Stöcken teilen die Kinder das Spielfeld in vier gleich große Tortenstücke. In jedes Tortenstück stellt sich eine gleich starke Gruppe Kinder. Jede Gruppe legt sich 20–25 Zapfen in ihr Feld.

Aufgabe: In einer bestimmten Zeit soll das eigene Feld leer werden, aber die Zapfen dürfen nicht aus dem Kreis geworfen werden, sondern nur in die anderen Felder der Gegner. Wer nach einer bestimmten Zeit die wenigsten Zapfen in seinem Feld liegen hat, der hat als Team gewonnen.

Spiel 2 | EICHHÖRNCHENSPIEL

Material: pro Kind 10–15 Nüsse, Eicheln, Bucheckern oder Steinchen

Wie die Eichhörnchen im Winter, müssen die Kinder bei diesem Spiel ihre Verstecke wiederfinden. Für die Kinder sind bei diesem Spiel zusätzlich auch Zählen und erstes Rechnen wichtig.

Die Kinder teilen sich in zwei Teams auf: A-Hörnchen und B-Hörnchen. Jedes der Hörnchen erhält 15 Nüsse oder Eicheln. A-Hörnchen dürfen nur ein bis drei Nüsse zusammen verstecken, B-Hörnchen fünf und mehr. Wenn alle Nüsse versteckt sind (Zeitlimit 90 s), wird es Winter und die Eichhörnchen müssen sich nun ihre Nahrung suchen. Im Dezember müssen sie drei Nüsse innerhalb 1 Minute gefunden haben, im Januar vier und im Februar fünf. Wer nicht genügend findet, ist verhungert und scheidet aus.

Idee: Michael Müller

Wir machen heut Naturmusik

Lied

Alter: ab 3 Jahren
Dauer: 30 Minuten

Wir machen mit Natur Musik, hört nur alle hin, hört nur alle hin.
Alle sind Naturmusiker und das macht auch Sinn.

(Melodie: Fuchs, du hast die Gans gestohlen)

UND SO GEHT'S:

Musik muss nicht immer mit teuren Instrumenten gespielt werden. Sammeln Sie mit den Kindern einfach trockenes Laub, Steinchen, stabile Aststücke, Ähren …

Jedes Kind wählt aus den gesammelten Dingen etwas aus, das Geräusche verursacht. Das können zwei Steinchen oder Äste sein, die aneinandergeklopft werden, ein belaubter Zweig, der bei jeder Bewegung raschelt, trockenes Laub, das knistert, wenn es gedrückt wird, usw.

Üben Sie mit den Kindern das Lied nach der Melodie von *Fuchs, du hast die Gans gestohlen*. Immer, wenn der Gesang zu Ende ist, beginnen die Kinder auf ihren Naturinstrumenten Geräusche zu erzeugen.

Idee: Marion Bischoff

Kapitel 3
In der Stadt

Stadtdetektive unterwegs
Stadtrallye

Alter: ab 5 Jahren
Dauer: 90 Minuten

AHOI, IHR LANDRATTEN!
Ich bin Kapitän Piet. Ich bin ein wilder Pirat und habe schon so manchen Schatz erbeutet. Ich habe vor vielen Jahren hier in dieser Stadt einen wertvollen Schatz versteckt. Und damit ihn niemand findet, habe ich ihn sehr gut versteckt. Wenn ihr ihn finden wollt, müsst ihr euch auf den Weg machen und viele Rätsel lösen. Erst dann kann er euch gehören. Wie sieht es aus? Wollt ihr auf Schatzsuche gehen?
Dann kommt nun das erste Rätsel:

Hier duftet es immer sehr lecker. Es gibt eine große Auswahl an Dingen zu essen. Manche sind süß, andere salzig. Ich schmiere auf mein Brot gern Marmelade. Wo kann ich es kaufen? Wie heißt dieser Ort? Dort findet ihr meinen nächsten Hinweis. *(Bäcker)*

Hier werden Dinge entschieden, die die ganze Stadt betreffen. Der Bürgermeister arbeitet hier. Wie heißt dieses Haus? Dort findet ihr meinen nächsten Hinweis. *(Rathaus)*

Hier lernen die Kinder lesen, rechnen und schreiben. Es dauert nicht mehr lange, dann dürft ihr selbst dort hin. Wie heißt dieser Ort? Dort findet ihr meinen nächsten Hinweis. *(Schule)*

Hier gibt es jede Menge zu lesen. Man hat einen Ausweis, kann sich Bücher mitnehmen und sie – nachdem man sie gelesen hat – wieder dorthin zurückbringen. Wie heißt dieser Ort? Dort findet ihr meinen nächsten Hinweis. *(Bücherei)*

Hier ist der Boden ganz grün. Er ist aus Gras und es sind weiße Linien darauf zu sehen. Auf beiden Seiten des Platzes stehen große Tore, in die ein Ball hineingeschossen werden muss. Wie heißt dieser Platz? Dort findet ihr meinen nächsten Hinweis. *(Fußballplatz)*

Hier stehen große Fahrzeuge in der Garage. Sobald ein Notruf eingeht, machen sich die roten Autos auf den Weg, um zu löschen oder zu retten. Wie heißt dieser Ort? Dort findet ihr meinen nächsten Hinweis. *(Feuerwache)*

Hier gehe ich hin, wenn ich verreisen möchte. Es gibt viele Gleise, auf denen Züge fahren. Damit ich mitfahren darf, brauche ich eine Fahrkarte. Wie heißt dieser Ort? Dort findet ihr meinen nächsten Hinweis. *(Bahnhof)*

Es ist ein riesiges Gebäude. Man muss sehr still sein, wenn man drinnen ist. Es hat eine hohe Spitze, an der eine Uhr angebracht ist, und Glocken, die sehr laut läuten. Wie heißt dieser Ort? Dort findet ihr meinen nächsten Hinweis. *(Kirche)*

Hier gibt es viele Lebensmittel und auch andere Dinge in den Regalen. Wo kann ich sie kaufen? Wie heißt dieser Ort? Dort findet ihr meinen nächsten Hinweis. *(Supermarkt)*

Hier gibt es viele kleine Menschen. Es wird gespielt, gelernt und gelacht. Ihr geht dort alle jeden Tag hin. Wie heißt dieser Ort? Dort findet ihr meinen Schatz! *(Kindergarten)*

AHOI, IHR LANDRATTEN!

Ihr habt also meinen Schatz gefunden. Das habt ihr gut gemacht! Habt viel Spaß damit!

Bis bald, euer Pirat Piet

UND SO GEHT'S:

Die Kinder entdecken den Brief des Piraten Piet (hinter einem Stein oder einem anderen Versteck in der Kita oder als Flaschenpost). Der Pirat stellt ihnen Rätsel. Wenn die Kinder ein Rätsel gelöst haben, gehen sie zu diesem Ort und bekommen dort mit dem nächsten Rätsel den Hinweis, wo sie danach hingehen müssen. Wurden alle Rätsel gelöst, führt der letzte Hinweis die Kinder zum Schatz.
Wählen Sie die Rätsel und die Reihenfolge so aus, dass sie für Ihre Stadt am meisten Sinn ergeben. Das letzte Rätsel muss das Kindergarten-Rätsel sein. Verstecken Sie dort (evtl. auf dem Spielplatz) eine Kiste mit einem Schatz, zum Beispiel Süßigkeiten oder kleine Edelsteine. Legen Sie einen Brief in die Kiste, in dem der Pirat den Kindern zu ihrer gelösten Aufgabe gratuliert (siehe oben).

Idee: Leah Schäfer

Himmel, Hölle und noch mehr

Kreidespiele zum Hüpfen

Alter: ab 4 Jahren
Dauer: 20 Minuten
Material: Kreide, 1 Stein für jedes Kind

Spiel 1 | HIMMEL UND HÖLLE

11 gleich große Felder hintereinander mit Kreide auf die Straße zeichnen. Das erste Feld bekommt die Aufschrift „Erde". Danach werden sie durchnummeriert von 1–8. In das nächste Feld „Hölle" und in das letzte Feld „Himmel" schreiben.

Das erste Kind beginnt. Es startet auf dem Feld mit der Aufschrift „Erde". Von dort aus wirft es seinen Stein in das erste Feld. Verfehlt es dieses, ist das nächste Kind an der Reihe. Trifft es das Feld, darf es loshüpfen. Es springt auf einem Bein der Reihe nach in alle Zahlenfelder. Das Feld, in dem der Stein liegt, darf nicht berührt werden. Das „Hölle"-Feld wird übersprungen. Dafür darf das Kind nach seinem Sprung in das „Himmel"-Feld das andere Bein absetzen und sich einen Moment ausruhen. Danach geht es zurück. Die „Hölle" wird wieder übersprungen. Vor dem Feld, auf dem der Stein liegt, darf das zweite Bein abgesetzt und der Stein aufgehoben werden. Danach wird dieses Feld wieder übersprungen und das Kind landet auf dem Feld mit der Aufschrift „Erde". Hat alles geklappt, wirft es den Stein jetzt in das zweite Feld. Jedes Kind darf so lange hüpfen, bis es einen Fehler macht (Fuß absetzen, Linie berühren, Stein ins falsche Feld werfen).
Das nächste Kind beginnt dann beim ersten Feld. Ist es das nächste Mal an der Reihe, macht es dort weiter, wo es in der letzten Runde aufgehört hat. Gewonnen hat, wer als Erstes mit seinem Stein fehlerfrei den Weg in den „Himmel" zurückgelegt hat.

Spiel 2 | **10ER-HÜPF**

Das erste Kind steht auf dem Startfeld und springt auf einem Bein in das erste Feld. Danach springt es gleichzeitig in die Felder zwei und drei. Anschließend auf einem Bein in die vier und mit beiden Beinen in die fünf und sechs usw. In das zehnte Feld springt es mit beiden Beinen. Danach mit einem Sprung umdrehen und in derselben Weise zurückhüpfen. Wer schafft es zuerst fehlerfrei?

Spiel 3 | **SCHNECKENHAUS**

Zehn Felder werden in Form eines Schneckenhauses aufgemalt. Die Zahl in der Mitte ist die zehn, die äußere die eins.

Das erste Kind hüpft mit einem Stein in der Hand los. Ist es fehlerfrei bei der „zehn" angekommen, darf es seinen Stein auf ein beliebiges Feld werfen, auf dem es sich in dieser und allen folgenden Runden mit beiden Füßen ausruhen darf. Dieses Feld dürfen andere Kinder nicht betreten.

Idee: Leah Schäfer

Eine kleine Mickymaus

Gummitwist

Alter: ab 4 Jahren
Dauer: 15 Minuten
Material: 1 Gummiband (3–4 m lang)

1

Feuersalamander,

Beine auseinander,

Beine wieder zu

und dran bist du.

2

Eine kleine Mickymaus,

zog sich mal die Hosen aus,

zog sie wieder an

und du bist dran.

3

Eins und zwei und drei und vier,

zählen will ich jetzt mit dir. (2x)

Fünf, sechs, sieben und auch acht,

weil mir das viel Freude macht. (2x)

Jetzt bleibt nur noch neun und zehn,

wieder raus und dabei drehn. (2x)

4

Hüpf rein, dann raus,

jetzt ist es aus.

> **GUMMITWIST – SO GEHT'S:**
> Zwei Kinder stellen sich hüftbreit gegenüber. Das zusammengeknotete Gummiband wird um beide Knöchel gespannt, sodass eine Art Rechteck entsteht.
> Das dritte Kind hüpft den ersten Spruch nach einem vorgegebenen Muster. Zuerst in Knöchel-, dann in Knie- und zum Schluss in Hüfthöhe. Hat es den ersten Spruch in allen drei Stufen gemeistert, kommt der nächste Spruch dran. Es darf so lange springen, bis es einen Fehler macht. Dann ist das nächste Kind an der Reihe.

Idee: Leah Schäfer

Wer bin ich?

Rätselreime to go

Alter: ab 4 Jahren
Dauer: 5 Minuten

1 Ich hab ein weiches Fell.
Rennen kann ich schnell.
Fange gerne mal 'ne Maus.
Wer bin ich? Sag', kriegst du's raus?

(Katze)

2 Wer steht gern auf einem Bein,
ist ganz selten nur allein.
Hat ein pinkes Federkleid,
weißt du denn nun schon Bescheid?

(Flamingo)

3 Er hat eine Schaufel und er liebt den Sand,
er besitzt keinen Eimer und ist nicht am Strand.
Er hebt große Gruben aus,
darauf baut man dann ein Haus.

(Bagger)

4 Ich bin kein Tiger, doch hab ich Streifen,
will niemand was tun, ihr müsst's nur begreifen.
Ich mach leckren Honig – den müsst ihr versuchen,
ich leb' in 'nem Stock – kommt mich mal besuchen.

(Biene)

5 Ich hab eine Kette, doch bin ich kein Schmuck.
Ich habe zwei Räder, mit denen fahr ich ruckzuck.
Willst du auf mir durch die Gegend flitzen,
musst du auf meinen Sattel sitzen.

(Fahrrad)

6 Blaues Licht und viel Trara,
schnell um die Ecke mit Tatütata.
Das Fahrzeug, das ist rot und groß,
den Schlauch anschließen, dann geht's los.

(Feuerwehr)

7 Ich bin ganz leicht, doch kugelrund,
die dünne Haut, die schimmert bunt.
Pustest du ganz vorsichtig,
schwebend durch die Luft flieg ich.
Fasst du mich mit den Händen an,
platze ich, so schnell ich kann.

(Seifenblase)

8 Er fährt übers Meer,
nett sein fällt ihm schwer.
Mit seiner Mannschaft zieht er los,
einen Schatz zu erbeuten – möglichst groß.
Ein Auge hinter einer Klappe ruht,
er ist ein echter Tunichtgut.

(Pirat)

9 Er steht nur so rum und tut niemandem weh.
Er hat drei Kugeln und er ist aus Schnee.
Eine Karottennase und ein Besenstiel,
jetzt fehlt wirklich nicht mehr viel.
Kohle für den Mund und auf den Kopf
einen alten Suppentopf.

(Schneemann)

Idee: Leah Schäfer

Schildersucher
Stadtspiel

Alter: ab 5 Jahren
Dauer: 60 Minuten
Material: Digitalkamera, Block, Stifte

Bei diesem Spiel lernen die Kinder, sich in ihrer Umgebung zurechtzufinden. Besonders bei den Vorschulkindern, die immer ein bisschen selbstständiger werden und vielleicht bald schon allein in die Schule laufen, ist dieses Spiel sehr beliebt.

SCHILDERFOTOGRAFEN

Gehen Sie mit den Kindern los. Immer ein Kind aus der Gruppe trägt die Digitalkamera und ist dafür verantwortlich, die Schilder zu fotografieren, die in der jeweiligen Straße entdeckt werden. Dabei geht es nicht nur um Verkehrsschilder, sondern auch um Hinweisschilder zum Arzt, für Geschäfte usw.

Nach ein paar Minuten wechseln die Kinder sich ab, das nächste Kind ist der Fotograf. Natürlich helfen immer alle Mädchen und Jungen mit, die Schilder zu suchen.

WO WAR DAS NOCH GLEICH?

Zurück in der Kita drucken Sie die Fotos aus, laminieren sie und nehmen sie beim nächsten Spaziergang wieder mit. Zeigen Sie den Kindern ein Foto und gehen Sie gemeinsam auf die Suche nach dem jeweiligen Schild. Welche Schilderdetektive wissen noch, wo sich die auf den Fotos abgebildeten Schilder befinden?

Möchten Sie speziell die Verkehrsschilder vertiefen, gestalten Sie mit den Kindern daraus ein Memory, das in der Kita dann immer wieder zum Einsatz kommen kann.

SCHILDERMALER

Mit Block und Stiften suchen Sie sich unterwegs mit den Kindern einen „Malplatz", von dem aus irgendein Verkehrsschild sehr gut zu sehen ist und trotzdem genügend Platz zum Malen besteht. Die Kinder setzen sich und malen das Schild nach. Dabei können Sie mit ihnen ins Gespräch kommen über die Bedeutung des Schildes und die verwendeten Farben, ob es ähnliche Schilder gibt und wo diese möglicherweise zu sehen sein könnten.

Gerade dreieckige Schilder mit rotem Rand gibt es in vielen Varianten. Wenn Sie also ein Vorfahrt-beachten-Schild irgendwo haben, kann dies die Grundlage für die Suche nach weiteren dreieckigen Schildern sein.

Legen Sie den Schwerpunkt auf unterschiedliche Schilderformen, suchen Sie nach viereckigen, dreieckigen, runden Schildern. Was gibt es sonst noch zu entdecken? Halten Sie bestenfalls die aufkommenden Gespräche mit dem Diktiergerät fest. So können Sie das Erlebte hinterher in der Kita noch einmal aufarbeiten.

Idee: Marion Bischoff

Die Straßenlauscher

Hörspiel

Alter: ab 4 Jahren
Dauer: 25 Minuten

DIE GERÄUSCHE DER STADT

Gehen Sie mit den Kindern in den Stadtpark oder auf einen Platz, an dem Sie sich mit den Kindern in einem Kreis sitzend oder liegend ausbreiten können.
Nun bitten Sie alle, die Augen zu schließen und zu lauschen. Wer etwas hört, ruft „Auto", „Motorrad", „Vogel" usw.

Nach etwa 5 Minuten beenden Sie das Lauschen und fragen die Mädchen und Jungen, an welche Geräusche sie sich noch erinnern können. Sammeln Sie die Aussagen der Kinder.

VARIANTE FÜR ÄLTERE KINDER

Ein Kind sitzt mit verbundenen Augen in der Kreismitte. Alle anderen sind leise. Das Kind in der Mitte muss in die Richtung deuten, aus der es ein Geräusch zu hören glaubt. Es soll auch sagen, was es hört. Sofern die anderen Kinder den Geräuscherzeuger entdecken, können Sie die Vermutung bestätigen oder nicht. Liegt das Kind richtig, ist das nächste Kind an der Reihe.

Idee: Marion Bischoff

Auto und Straße

Vers

Alter: ab 4 Jahren
Dauer: 5 Minuten

Grau ist die Straß.
Da vorne fährt was:
Ein **Auto** kommt daher.
Wie sieht es aus, bitte sehr?

Grau ist die Straß.
Da vorne fährt was:
Ein **Laster** kommt daher.
Wie sieht er aus, bitte sehr?

Grau ist die Straß.
Da vorne fährt was:
Ein **Traktor** kommt daher.
Wie sieht er aus, bitte sehr?

UND SO GEHT'S:
Passen Sie die Verse an die Gegebenheiten vor Ort an: Was gibt es für die Kinder zu sehen? Welche Farbe haben die Fahrzeuge? Was fällt den Kindern sonst noch auf?

Idee: Marion Bischoff

Spielplatz-Action
Bewegungs- und Entdeckerspiel

Alter: ab 3 Jahren
Dauer: 25 Minuten

DIE SPIELPLATZENTDECKER

Sind Sie mit den Kindern auf einem Spielplatz unterwegs, können Sie einen Spielplatzparcours absolvieren. Damit sorgen Sie für viel Bewegung und dafür, dass die Kinder sich an allen vorhandenen Geräten ausprobieren.
Für jedes Gerät gibt es eine Aufgabe, zum Beispiel:

– Zähle die Stufen, die zur Rutschbahn führen.
– Was könnt ihr sehen, wenn ihr auf dem Klettergerüst oben steht?
– Baut einen Tunnel in der Sandkiste.
– Sucht den schönsten Stein auf dem Spielplatz.
– Versucht, so viele Kinder wie möglich auf die Wippe zu setzen.
– Sammelt Spielplatzfarben. (Welche unterschiedlichen Farben gibt es auf dem Gelände zu entdecken?)

Je nachdem, wie viele Kinder Sie dabei haben, teilen Sie diese in Kleingruppen auf, die jeweils mit einer Erzieherin die Aufgaben abarbeiten.

Überlegen Sie mit den Kindern weitere Aufgaben, die man auf dem Spielplatz absolvieren könnte.

Idee: Marion Bischoff

Kapitel 4

Unterwegs & zwischendurch

Das Monster Blobb

Fangspiel

Alter: ab 4 Jahren
Dauer: 10 Minuten

NEHMT EUCH IN ACHT!

Ein Kind ist das kleine, aber gefräßige Monster Blobb. Das Monster möchte wachsen und braucht dafür Futter. Es versucht daher, die anderen Kinder zu fangen. Wer gefangen wurde, wird vom Monster Blobb an die Hand genommen. Nun wird gemeinsam versucht, ein weiteres Kind zu fangen, das dann ebenfalls von Blobb an die Hand genommen wird, bevor es weitergeht.

Wichtig ist, dass immer nur die Kinder am Ende von Blobbs Fangarmen fangen. Das Spiel endet, wenn alle Jungen und Mädchen gefangen wurden.

Variation: Das Monster Blobb ist bei vier Kindern ausgewachsen und teilt sich dann in zwei und zwei Kinder auf. Das Spiel ist so wesentlich schneller zu Ende.

Idee: Britta Bartoldus

Hase sitz, Hase lauf

Fangspiel

Alter: ab 4 Jahren
Dauer: 10 Minuten

1, 2 LOSGEHOPPELT!

Die Jungen und Mädchen bewegen sich kreuz und quer umher. Jedes Kind darf die anderen mit dem Finger antippen und ihm das Kommando **Hase sitz!** oder **Hase lauf!** geben.

Bei **Hase sitz!** muss sich das angetippte Kind auf den Boden setzen und beide Hände als Hasenohren an den Kopf halten. Es darf erst dann weiterlaufen, wenn es ein anderes Kind mit einem kurzen Antippen und **Hase lauf!** dazu auffordert.

Steuern Sie durch aktives Mitspielen, dass einzelne Kinder nicht zu lange sitzen bleiben müssen.

Variation: Erfinden Sie mit den Kindern zusammen neue Kommandos. Zum Beispiel: **Häschen hüpf!** – Dabei hüpft das angetippte Kind auf der Stelle.

Idee: Britta Bartoldus

Ich sehe, höre, rieche was, …

Konzentrationsspiel

Alter: ab 4 Jahren
Dauer: 15 Minuten

DIE BEKANNTE VERSION:

Ich sehe was, was du nicht siehst, …

– Ich sehe was, was du nicht siehst, und das ist rot (blau, grün, pink, braun …).

DIE VERSION FÜR GROSSE LAUSCHER:

Ich höre was, was du nicht hörst, …

– Ich höre was, was du nicht hörst, und das piept (klingelt, zischt, schreit, flüstert).
– Ich höre was, was du nicht hörst, und das macht muh (mäh, wau, piep, töröö).
– Ich höre was, was du nicht hörst, und das kommt aus dieser Richtung (in eine bestimmte Richtung zeigen).

UND FÜR SPÜRNASEN:

Ich rieche was, was du nicht riechst, …

– Ich rieche was, was du nicht riechst, und das riecht frisch (stinkt, duftet toll).

Idee: Leah Schäfer

Die Prinzessin an der Bushaltestelle

Fortsetzungsgeschichte

Alter: ab 4 Jahren
Dauer: 15 Minuten

Es war einmal eine kleine Prinzessin. Ihr Name war Laurentia und sie wollte heute in die Stadt gehen.

Der Weg in die Stadt war weit. Deshalb sollte die königliche Pferdekutsche sie hinbringen. Leider war ein Wagenrad gebrochen und die Kutsche musste erst in die Werkstatt. „So ein Pech aber auch", dachte die Prinzessin und überlegte, was sie denn nun tun könnte.

Als sie eine Weile nachgedacht hatte, kam ihr eine Idee. „Ich hab's", rief Laurentia, „ich nehme einfach den Bus."

Gesagt, getan. Laurentia machte sich auf den Weg zur Bushaltestelle und setzte sich ins Wartehäuschen. Es dauerte auch nicht lange, da kam auch schon der Bus. Die Prinzessin stieg ein und kaufte sich eine Fahrkarte.

Sie setzte sich ganz nach hinten, um einen guten Blick auf alles zu haben. Die Fahrt ging los und Laurentia bekam viel zu sehen. Nach einer Weile hielt der Busfahrer an. Er sagte: „Bitte alle aussteigen. Der Bus hat einen platten Reifen. Wir können nicht mehr weiterfahren und müssen warten bis Hilfe kommt."

Laurentia aber hatte keine Lust zu warten. Sie nahm ihre Tasche und lief los. Kurze Zeit später …

Wie könnte es weitergehen?

> **UND SO GEHT'S:**
> Wie geht es weiter? Was passiert Prinzessin Laurentia als nächstes? Jedes Kind kann ein Stückchen der Geschichte weitererzählen und dann ist wieder der nächste dran. Ideal zum Wartezeitüberbrücken und Plaudern.

Idee: Leah Schäfer

Ein Hut, ein Stock, ein Regenschirm

Rhythmische Geh-Verse

Alter: ab 4 Jahren
Dauer: 10 Minuten

EIN HUT, EIN STOCK, EIN REGENSCHIRM

Ein Hut, ein Stock, ein Regenschirm,
und vorwärts, rückwärts, seitlich, ran.

Eins, zwei, drei, vier, fünf, sechs,

sieben, acht, neun, zehn,
Ein Hut, ein Stock, ein Regenschirm,
und vorwärts, rückwärts, seitlich, ran.

Mit dem rechten Bein einen Schritt machen.
Mit dem linken Bein nach vorn, zurück, nach links und dann die Beine schließen.
Bei jeder Zahl mit beiden Beinen einen Schritt nach vorn machen.
Bei zehn nur einen Schritt mit rechts.
Mit dem linken Bein beginnen.
Mit dem rechten Bein nach vorn, zurück, nach rechts und dann die Beine schließen.

EINS UND ZWEI ...

Eins und zwei und drei und vier,
auf zwei Beinen hüpfen wir.
Fünf und sechs und sieben und acht
noch mal von vorn, weil's uns Freude macht.

Rhythmisch gehen, das rechte Bein beginnt.
Im Rhythmus auf zwei Beinen vorwärts hüpfen.
Rhythmisch gehen, das rechte Bein beginnt.
Im Rhythmus auf zwei Beinen vorwärts hüpfen.

POMMES, MAJO, CURRYWURST

Pommes, Majo, Currywurst,
Limo, Saft und Wasserdurst.
Und zum Nachtisch – es ist heiß,
ein riesengroßes Erdbeereis.

Rhythmisch gehen.
Rhythmisch gehen.
Rhythmisch gehen.
Rhythmisch rückwärts gehen.

Idee: Leah Schäfer

Fidibus, der Zauberer

Zauberspiel

Alter: ab 4 Jahren
Dauer: 10 Minuten

Der Zauberer Fidibus hat Langeweile. Er braucht etwas Abwechslung und zaubert sich verschiedene Tiere in sein Zauberschloss. Doch die Tiere sind verspielt und wollen den Zauberer fangen. Der muss sich beeilen, um sich rechtzeitig in Sicherheit zu bringen. Denn es sind auch einige wilde Tiere dabei …

UND SO GEHT'S:

Die Kinder stehen im Kreis. Der Zauberer geht um den Kreis herum und sagt seinen Zauberspruch:

**Hokuspokus Mondenschein,
du sollst jetzt ein … sein!**

Wenn er seinen Spruch gesagt hat, geht er an einem Kind vorbei, das er verzaubern möchte und berührt es am Rücken und nennt ein Tier. Dann muss er ganz schnell loslaufen, denn das verzauberte Kind will ihn fangen. Also los – einmal um den Kreis herum! Schafft er die Runde zu Ende zu laufen und sich auf den frei gewordenen Platz zu stellen, ist das verzauberte Kind jetzt der Zauberer.

Schafft er es nicht, verwandeln sich alle Kinder in dieses Tier und bewegen sich mit dem entsprechenden Tierlaut durch den Kreis. Kurze Zeit später ist der Zauberer erneut dran und verzaubert ein weiteres Kind in ein anderes Tier.

Idee: Leah Schäfer

Ferdinand, der Floh

Lied

Alter: ab 4 Jahren
Dauer: 10 Minuten

Der kleine Ferdinand,
kommt ganz schnell angerannt.
Als er den Hofhund stehen sieht am Wegesrand.
Der Ferdinand ist froh,
denn er ist ein Floh
und springt dem Hofhund schnell auf seinen Hundepo.

Der Hofhund schüttelt sich
Und denkt: „Das gibt's ja nicht,
dass mich der freche Floh schon wieder einmal sticht."
Der Hofhund bellt ganz laut.
Der Floh sich nicht mehr traut
und zieht den Rüssel ganz schnell aus der Hundehaut.

„He Floh, nun hör mal her.
Das ist doch gar nicht schwer.
Ich habe keine Lust auf deine Bisse mehr.
Trink doch mal Blütensaft,
das gibt dir ganz viel Kraft.
Bei mir zu fressen, wird jetzt hiermit abgeschafft!"

Der Ferdinand denkt nach,
was da der Hofhund sprach.
Und hüpft zur Tulpe gleich am übernächsten Tag.
Er taucht den Rüssel ein,
der Saft, der schmeckt sehr fein,
von nun an will er nur noch leck're Blümelein.

(Melodie: Das rote Pferd)

Idee: Leah Schäfer

Wir nehmen jetzt den Zauberstein

Alter: ab 3 Jahren
Dauer: 10 Minuten

Lied

Wir nehmen jetzt den Zauberstein,
denn wir wollen Hunde sein.
Wau, wau, wau – wau, wau, wau,
das Bellen macht ganz laut Radau.
Wau, wau, wau – wau, wau, wau,
das Bellen macht ganz laut Radau.

Wir nehmen jetzt den Zauberstein,
denn wir wollen Mäuschen sein.
Piep, piep, piep – piep, piep, piep,
wir sitzen hier und sind ganz lieb.
Piep, piep, piep – piep, piep, piep,
wir sitzen hier und sind ganz lieb.

Wir nehmen jetzt den Zauberstein,
denn wir wollen Bienchen sein.
Summ, summ, summ – summ, summ, summ,
wir fliegen rum mit viel Gebrumm.
Summ, summ, summ – summ, summ, summ,
wir fliegen rum mit viel Gebrumm.

Wir nehmen jetzt den Zauberstein,
denn wir wollen Frösche sein.
Quak, quak, quak – quak, quak, quak,
jeder hüpft, so viel er mag.
Quak, quak, quak – quak, quak, quak,
jeder hüpft, so viel er mag.

(Melodie: Wer will fleißige Handwerker sehn)

Idee: Leah Schäfer

Rechte Hand, linke Hand

Fingerspiel

Alter: ab 5 Jahren
Dauer: 10 Minuten

**Als die rechte Hand
morgens aus dem Bett aufstand,**
Die rechte Faust öffnet sich langsam.

**hat sie die linke Hand geweckt
und sich zusammen mit ihr gestreckt.**
Sie berührt dabei die linke Hand, die sich ebenfalls langsam öffnet. Beide Hände werden in die Luft gestreckt, dabei mit den Fingern wackeln.

**Beide wurden richtig wach.
Die rechte sagt zur linken – komm,
wir spielen. Mach's mir nach!**
Die rechte stupst die linke Hand an.

**Rechte Hand nach oben zeigt,
linke auch schon aufwärts steigt.**
Die rechte Hand geht hoch, links folgt.

**Rechte Hand fällt nun herab,
linke folgt ihr schnell bergab.**
Die rechte Hand fällt runter, links folgt.

**Rechte Hand jetzt vorn steht,
linke auch gleich vorwärtsgeht.**
Rechte Hand geht nach vorne, links folgt.

**Rechte Hand malt einen Kreis,
linke macht es mit viel Fleiß.**
Rechte Hand malt einen Kreis in die Luft, links folgt.

**Rechte Hand versteckt sich nun,
linke soll das Gleiche tun.**
Rechte Hand geht hinter den Rücken, links folgt.

**Rechte Hand kommt wieder raus,
linke auch – und nun ist's aus.**
Die rechte Hand kommt wieder vor, links folgt. Dreimal in die Hände klatschen.

Idee: Monika Binz-Merklinger

Wir sind tolle Kinder

Fingerspiel

Alter: ab 3 Jahren
Dauer: 5 Minuten

Es gibt große und auch kleine.
Mit den Händen groß und klein zeigen.

Manche haben lange Beine.
Arme recken.

Einer hat nen runden Bauch.
Über den Bauch streicheln.

Der andre große Ohren auch.
Große Ohren am Kopf „malen".

Die eine hat nen Zopf,
Mit den Händen lange Haare darstellen.

der drüben einen dicken Kopf.
Kreis in die Luft malen.

Doch eins sind alle hier:
Mit dem Zeigefinger in die Runde deuten.

tolle Kinder, so wie wir!
Daumen nach oben recken.

Idee: Marion Bischoff

Wer wohnt da wohl?
Entdeckerspiel

Alter: ab 4 Jahren
Dauer: 45 Minuten

DIE TÜR-ENTDECKERTOUR

Jedes Haus hat mindestens eine Tür. Doch: Sehen die alle gleich aus? Gibt es Unterschiede? Wenn ja, welche? Wo sind die Lieblingstüren der Kinder und warum? Gibt es auch Türen, die man kaum erkennen kann? Sehen die Türen an alten Häusern anders aus als an neuen Häusern? Welche Farben haben die Türen?

Stellen Sie Impulsfragen und begeben Sie sich mit den Kindern auf die Suche nach tollen Türen. Dabei können vielfältige Gespräche entstehen. Setzen Sie sich mit den Kindern in die Nähe einer Tür, die sie besonders ansprechend finden, und überlegen Sie, wer hier wohl lebt.
So wird ein Stadtspaziergang zur Geschichtenstunde.

MÖGLICHE IMPULSE FÜR DEN BEGINN EINER GESCHICHTE KÖNNTEN SEIN:
– Neben der Tür hängt ein Schild. Was steht da wohl drauf?
– Eine Hecke wächst an der Wand und die Tür ist schon ganz schön alt. Doch früher, als an der Hecke noch wunderschöne Blüten wuchsen, wohnte in dem Haus …
– Das große weiße Haus mit der grauen Tür sieht ganz schön spannend aus. Wenn diese Tür sich öffnet, laufen immer zwei Kinder heraus – ein Junge mit blonden Haaren und ein Mädchen mit langen Zöpfen. Sie haben keine Schultasche dabei und auch keinen Rucksack für den Kindergarten. Wo gehen die beiden wohl hin?

Idee: Marion Bischoff

Bus, Zug und Fahrrad

Klatschspiel zum Zeitvertreib

Alter: ab 3 Jahren
Dauer: 10 Minuten

Ich bin der Bus und komm daher.
Mit mir fährt jeder – bitte sehr!
Vom **Anfang** bis zum Schluss
fahrn alle mit dem Bus!

Ich bin der Zug und komm herbei
auf meinen Schienen – es sind zwei.
Ich bin so schnell und gut,
kommt alle in den Zug.

Ich bin das **Auto**, bin halt klein.
Doch jeder fährt mal mit mir heim.
Es geht ganz flott dahin,
bist du im **Auto** drin.

Ein Fahrrad bin ich,
zwei Reifen brauch ich.
Mit deinen Beinen trittst du rein,
dein Fahrrad will ich sein.

UND SO GEHT'S:

Ein wenig Zeit zu überbrücken, wenn Sie mit den Kindern irgendwo warten müssen, kann eine echte Herausforderung sein. Mit diesem kleinen Klatschspiel verfliegt die Zeit.

Klatschen Sie zu den Reimen mit den Kindern. Entscheiden Sie immer, ob Sie einen oder mehrere Reime aufsagen wollen. Je nachdem, wo Sie mit den Kindern sitzen, gibt es Fahrzeuge zu sehen. Diese können Anlass für einen der Reime sein.

Idee: Marion Bischoff

Kleine Katze

Fingerspiel

Alter: ab 3 Jahren
Dauer: 5 Minuten

Das Kätzchen wohnt in Omas Haus,
Mit den Händen ein Hausdach formen.

kommt manchmal aus dem Korb heraus.
Krabbelbewegungen mit den Fingern machen.

Dann hüpft es lustig rauf und runter
Eine Hand hoch und runter bewegen.

und schnurrt so fröhlich und so munter.
Mit einer Hand in der Handhöhle der zweiten Hand kribbeln.

Doch kommt das Mäuschen aus der Ecke,
Krabbelbewegungen mit den Fingern einer Hand machen.

muss sich die Katze schnell verstecken.
Die andere Hand schwungvoll hinter den Rücken legen.

Sie ist die erste Katz,
Mit beiden Händen Katzenohren am eigenen Kopf andeuten.

die Angst vorm Mäuschen hat.
Krabbelbewegungen mit den Fingern machen.

Idee: Marion Bischoff